圖解 2015 中國
「政府工作報告」

目錄 contents

2015 年中國「政府工作報告」解析

一、「政府工作報告」的關注度

「政府工作報告」（以下簡稱為「工作報告」）是每年中國大陸「兩會」期間，各地政府向當地人民代表大會和政治協商會議發佈的報告。其中，全國性的「政府工作報告」是由國務院在全國人民代表大會上，由總理向大會所做的報告，是中國官方對外闡明未來政策走向的重要管道，與民間互動的示範，公共政策的每一步嬗變都清晰可見。歷年的「工作報告」都負有政策宣達的任務，目前在官方網站上，仍可以收集到1954年至今歷年的「工作報告」。

早年的「兩會」政治色彩極濃，政治凌駕一切是當時的氛圍。如今，「階級鬥爭」、「無產階級專政」等字眼早已不復見；強調國企的優越性、「全世界都在看著我們」這種不切實際的詞句也已不適用。經濟、社會、民生議題的比重越來越高。尤其在進入廿一世紀後，中國和平崛起，國際地位不斷躍升，政策關注度越來越高。2000年中國的國內生產總值（GDP）為8.6萬億，2014年已達63.6萬億，14年間增長近八倍，豈能不受到國際矚目？

「兩會」本身已是國際間洞悉中國政策的重要途徑，每年三月「兩會」期間各政治局常委、人大常委會委員長的對外發言、國務院總理的中外記者會、「工作報告」更是白紙

黑字將政策走向公諸於世。在在受到各界關注。不但各級政府視為風向球，研究機關視為觀察中國政局變化的櫥窗，國際媒體更競相參與和報導，解讀字句間的細微差異。如同美國總統每年赴眾議院發表的「國情咨文」（State of the Union Address），「工作報告」也成為國際間關注中國未來政策走向的重點。主流媒體如《華爾街日報》、《金融時報》、CNN、BBC、朝日新聞等都有專文評論。

　　「工作報告」的結構從過去到現在大致不變，大體而言就是「盤點過去，闡明未來」。大綱分為三部分，第一部分是過去一年內的工作回顧，包括各項經濟和政策指標的成績。第二部分是當年度的工作任務，包括來年的政府工作計畫和目標，包括國內外評論和媒體常報導的經濟目標，像是GDP、CPI、失業率等，往往是研判政府政策鬆緊程度的溫度計。第三部分則是闡述政府職能、戰略目標、法治及政風的計畫。近年反腐倡廉成為政府自身改革的重心，同樣也成為各方關注的焦點。

二、「政府工作報告」對未來政策走向的影響

　　基本上在兩會結束後，各地方政府和部委將根據「工作報告」中所點提的工作項目表態，出台相關的操作細則，或對已進行的政策項目進行調整與改善。簡單來說，「工作報

告」就是政府未來政策的動向，大範圍的政策走向（或改變），從報告當中的一些關鍵用語就可以一窺端倪。

例如，2000年的「工作報告」中首次將「西部大開發」列為國家目標，這是屬於長期國家戰略級的大目標，自此十餘年來西部開發始終是「工作報告」的重點工作項目之一。此後，「東北振興」、「中部崛起」，到2010年轉變為「區域均衡」，可以看出中國經濟的傳遞路徑。今年的「工作報告」中，仍有「拓展區域發展新空間」一詞，將西部、東北、中部、京津冀、長江經濟帶、珠三角作整體性敘述，更加入「一帶一路」的陳述，將中國各區域結合起來，走向歐亞大陸及海洋。

此外，「工作報告」中引用，或是創造的名詞往往是政策的核心。例如「費改稅」（1998）、「私企入黨」（2002）、「保護私產入憲」、「免徵農業稅」（2004）、「八榮八恥」（2006）、「科學發展觀」（2007）。今年，「四個全面」、「一帶一路」則是首次出現在「工作報告」中，應會成為另一項長期國家戰略級目標，未來的政策重要性不言而喻。

三、本屆「政府工作報告」值得關注的要點

每年的「工作報告」發佈後，一般評論和媒體的關注點

大多集中在幾項經濟數字的目標值,像是GDP、CPI、新增
就業人口、失業率、財政赤字、M2年增率目標等等。將這
些目標值和過去做比較,推測出未來中國經濟的增長動能和
政策力度。

以下是最近三年主要經濟指標的目標值:

主要經濟指標	2015	2014	2013
國內生產總值(GDP)增長率	7%左右	7.5%左右	7.5%左右
居民消費價格(CPI)漲幅	3%左右	3.5%左右	3.5%左右
城鎮新增就業人數	1000萬	1000萬	900萬
城鎮登記失業率	<4.5%	<4.6%	<4.6%
廣義貨幣(M2)增長率	12%左右		
(實際執行可略高一些)	13%左右	13%左右	
財政赤字	1.62萬億	1.35萬億	1.2萬億
財政赤字率	2.3%	2.1%	2%
進出口增長率	6%	7.5%	--

不過對「工作報告」的解讀不能只停留在數字變化中推
敲。中國經濟下行是既定的事實,習李體制在政府行政干預
和政策刺激的態度上和前任大相逕庭也是事實。當前的國內
外局勢和經濟環境,和過去有著相當大的差異:中國面對自
身經濟困境的交迫,勞動力等要素成本上升,高投入、高消
耗、偏重數量擴張的發展方式已經難以為繼;社會上對資源
分配和既得利益改革的要求,已經不能用「讓一部分人先富

起來」解決；和平崛起後區域和國際關係的合縱連橫，也在在考驗這個大國的智慧。

當前中國經濟面臨的困境，是處於經濟上所謂的「三期疊加」期：三種短中長期的經濟循環週期，在同一時間達到谷底，造成經濟增長下行，政策卻無太大施力點，需要較長時間進行全面調整的現象。三期分別是指：

1. **經濟增長速度換檔期**：當經濟發展到一定規模和程度，由於基期的提高，繼續維持過去高增長的難度會越來越大。此時經濟會由原先的高增長緩步下滑，甚至進入低度增長，這是經濟發展的循環規律。中國改革開放三十餘年來，經濟增長經歷長時間的高原期。進入廿一世紀後，隨著經濟體規模的擴張，增長速度開始減緩。2003至2007年平均尚有11.6%的年增長率；2008至2011年降至9.6%；2012年至今每年都在8%以下。增長速度放緩早已成為事實。

2. **結構調整陣痛期**：指的是經濟發展形態的改變，主要來自於增長動能的調整。中國在改革開放的前20年，利用廉價勞力和便宜租金成本吸引全球的製造業進駐；政府大力進行基礎建設帶動產業鏈產能擴增。這些好光景在金融海嘯後，全球進入低利潤時代後已然改觀。傳統產能過剩亟待消化；環境惡化的衝擊隨著

生活品質要求提高更為突顯。「調結構」早已是中國政府定調的經濟工作方針。

3. **前期刺激政策消化期**：中國經濟形態屬於「社會主義計畫經濟」，政府對經濟的主導性極高，干預和調整時而可見。長時間政策引導下為達高增長數字，部分重點產業的產能遠遠高於需求。2008年金融海嘯後，全球需求急凍，出口產業面臨崩潰，中國政府順勢推出四萬億人民幣的救市方案，加強內需和基礎建設，「家電下鄉」、「汽車下鄉」、「四縱四橫高鐵路網」、地產開發商大量搶進二、三線城市……。2009年全年除了四萬億救市外，新增貸款超過十萬億！大量產能在沒有對應的需求支撐下，2012年開始出現過剩。近兩年包括煤、鐵、鋼價格崩跌；房地產大量供過於求，剩餘產能消化的後果至今仍在。

政府主導甚至干預資源分配的結果，除了使價格扭曲、分配不均之外，市場效率也無法顯現，更會錯過經濟調整時機。經過這一波的痛苦調整，中國政府已然明瞭，干預和刺激最多是用作「經濟休克」時的「強心針」，無法取代經濟正常脈動的「心律調節器」。近年來中國政府陸續宣示的「簡政放權」、「定向調控」，應是休養生息、回歸市場機制的回應。未來在面對短期波動的政策將更有定力，也會更

加突顯長期發展的創新及改革的意圖。

回到本屆「工作報告」，其中的經濟議題相當值得討論。

自2012年起，「工作報告」所揭櫫的經濟增長目標就低於8%以下，今年第一季的GDP僅增長7%，為六年的單季新低。經濟增長率的下調不見得等同於對中國經濟前景的悲觀，也未必暗示政府不再以追求GDP為發展重心。事實上，一個國家若不以經濟發展為職志，國家和社會將必然出現潛在的不穩定。

在結構調整陣痛期下，已是全球第二大經濟體的中國，再追求高增長已不切實際。李克強總理在本屆「兩會」中曾談到，在國外常聽到中國是世界最大經濟體的說法，「常有一種被忽悠的感覺」。中國還有兩億的貧窮人口，「是實實在在的發展中國家」。中國政府不太可能接受經濟硬著陸，藉由停滯倒逼轉型，因為這對十三億人來說代價難以估計。不過，政府對經濟下行的容忍度會提高，由積極的財政和「寬信用」的貨幣基礎來「維穩」，同時調整經濟運作的內部結構來「改革」。在「工作報告」中特別強調的「大眾創業，萬眾創新」、「以微觀活力支持宏觀穩定」、「以供給創新帶動需求擴大」，就說明了未來政策的走向。

創新代表市場進一步開放，管制進一步減少，權力進一步下放。鼓勵多數人參與創新，意味著將削弱集中在少數人

手中的權力，向市場和社會放權。儘管不太可能達到完全的市場化和資本主義社會（也未必需要），政府職能做如此的調整也是改革開放以來少見的。過去通過「需求管理」拉動增長，政府將政策、資源一把抓的思維模式將轉變。經由創新增加供給，由市場力量帶動需求多樣化，施力更小，效果更大，總量需求也可能因而提升。

以下是「工作報告」中幾個值得關注的要點：

1. **維穩，但不刺激**：穩定面對短期波動，減少全面性干預及調控。「主動適應經濟新常態」已為政策定調，未來幾可確定政策將不再出現如四萬億的大規模刺激措施，但在經濟下行風險加大時仍會有全面調控，不過預期的難度提高，這也增加了政策實施效果。

2. **開放市場絕不手軟**：「簡政放權」、「大道至簡，有權不可任性」，已成為當前政府對市場化的基調。政策方面，國企改革、民資入股、股權與債權市場的開放、基礎建設和公用事業推廣公共私營合作制（PPP）都是推手。

3. **更加突顯民眾福利**：儘管GDP增長目標降至7%的低檔，但其中關於民生議題的目標卻佔有極大篇幅，達成小康社會和就業、改善醫療、環境保護、提升教育等等。具體目標像是企業退休養老金標準提高10%，

城鄉居民基礎養老金標準從55元增至70元；新安排保障房740萬套，「十二五」規劃五年3600萬套的目標可完成，同時將採取實物與貨幣補貼並行；在「穹頂之下」的發燒話題中，環保和綠能也佔有相當的篇幅。

4. **強調創新、鼓勵競爭**：「工作報告」已指出，「新興產業和新興業態是競爭高地」。與過去不同的是，產業發展的領頭羊過去是政府乃至國企，如今則轉變為市場和競爭。政府的工作退居到訂立產業選項和創造環境。

報告中指出，「高端裝備、訊息網絡、集成電路、新能源、新材料、生物醫藥、航空發動機、燃氣輪機」為新興產業，制定「互聯網＋」行動計畫，其背後還有雲計算、大數據、物聯網支撐，與現代製造業結合。「千千萬萬個市場細胞活躍起來，必將匯聚成發展的巨大動能，一定能夠頂住經濟下行壓力，讓中國經濟始終充滿勃勃生機。」

5. **策略性戰略**：2014年以來熱門的「一帶一路」戰略、京津冀協同發展、自貿區的擴張、長江經濟帶，還有「中國製造2025」的新概念提出。

針對「一帶一路」和「中國製造2025」以下做簡要申述。

「一帶一路」是中國與國際接軌、區域發展的大戰略。除了維持區域性的政治及國際關係影響力之外，根據招商證券謝亞軒博士的看法，另外還涉及了經濟和金融發展的三項輸出：

(1)中國產品和基礎建設技術的輸出：經由中國對外投資和參與周邊國家基礎建設計畫，消化國內過剩產能造成的庫存及價格壓力。

(2)負債輸出：利用周邊經濟體通過負債增加對中國產品的需求，近期「亞洲基礎設施投資銀行」（亞投行）的熱議正是負債輸出的體現。

(3)人民幣輸出：通過上述兩項的輸出，達到人民幣國際使用面擴大的目標，這與人民幣國際化有密切的關係。

四、面臨的挑戰

改革從來就是一句說起來好聽，走起來坎坷的路。改革的原因多半是過去行之有年的制度或做法影響到多數人的權益，甚至蒙受損失，也暗指多數人的利益為少數人壟斷。因此改革向來是可以獲得多數人的掌聲，但卻要面對少數既得利益者反撲的工作。遠的不談，當前美國總統奧巴馬上台即倡言的奧記健保（Obamacare），迄今超過六個年頭仍未落

實，其間反對聲浪從未間斷，如此一項讓全民享有醫療服務的政策都會有龐大的反對聲浪，改革豈是一件簡單的工作！

中國改革開放已超過30年，如今仍在談改革，除了「與時俱進」這個理由外，其政經結構與社會體系已到了不得不改的地步。行政體系的僵化與貪腐、社會階級的對立、經濟結構的失衡，都是必須改變的現象。長期觀察改革開放以來的政經發展，未來的改革工程中，金融開放將會是重中之重，「藉開放倒逼改革」是這一波改革浪潮的特色。2015年的中國經濟將會有以下幾項重大的革新，預期將對金融市場帶來翻天覆地的改變，不過成功與否卻不容樂觀，每項改革都有著巨大的挑戰：

1. **利率市場化**：現在中國的存貸款利率水平是2008年以來的次低，在2008至2009年的降息週期，貸款利率最低曾到5.31%，目前為5.39%左右。現今的利率管制只剩存款利率上浮空間（基準存款利率增加30%），在5月1日存款保險正式上路後，完全的利率市場化將為期不遠。在利率市場化的環境下，各種資產和有價證券的評價將反映其風險，配合地方債務轉換、公司債、資產證券化市場的開放，屆時銀行等金融機構在提升獲利和評估風險之間必須有所平衡。這對多數長期依賴政策放款，獲利幾無風險利差的傳統銀行而言將是

新挑戰，也考驗著中國金融市場的自由化與穩定度。

此外，利率市場化意味著利率工具將會成為更頻繁使用的政策工具。利率調控今年被寫入「工作報告」中，是一個重要的變化。中國向來少用利率作為政策工具，利率調控的政策傳遞速度快，但市場預期心理和價格波動會影響其效果。市場勢必要有一段適應期。

2.人民幣國際化：今年人民幣的頭等大事之一，是能否列入國際貨幣基金（IMF）特別提款權（SDR）的一籃子貨幣。

國際貨幣基金將於五月開始評估，預計年底前就會定案。這項評估每五年一次，前一次是在2010年。記得2009年3月間人行行長周小川一連兩天撰文提議特別提款權應該成為國際貨幣秩序的重心，作為一種「超主權儲備貨幣」，逐漸取代以美元為主的儲備體制。當時被美國高調反對。國際貨幣基金在2010年底透過配額和治理改革方案，將6%的配額轉移給新興市場和發展中國家。但因為國際貨幣基金最大配額的美國尚未批准，這項改革方案已被拖延了五年。如今，人民幣的國際化程度大有進展，已是全球第二大貿易貨幣、第六大交易貨幣。國際貨幣基金不得不考慮未來人民幣角色及更廣泛被使用的趨勢。一旦被納入，將使人民幣間接成為各國儲備貨幣的一員，是人民幣國際化

的一大步。不過，如果成真，人民幣自由兌換的壓力也隨之而來，對人民幣匯率的穩定將是一大考驗。

3. **股票發行（IPO）註冊制**：當前中國股市牛氣沖天，截至2015年4月中旬，上證指數已逼近4300點，幾乎是半年前的一倍。證監會肖鋼主席認為「改革牛」是此波股市牛市的基本論調。除了資金行情的推升外，陸續出台的改革和對新興產業的支持是股市評價不斷向上調高的原因。此外，今年陸股另一件重大革新，是股票上市將不再採取審核制，改採註冊制。

在註冊制下，原先由發審委的「實質審查」，將被聆訊質詢委員會的「形式審查」取代；只要符合發行條件的公司，只須向證監會報備即可上市，過去強調的「持續盈利能力」不再是上市的必要條件。交易所成為股市交易的主體，股市成為支持實體經濟融資管道的角色更明確，發行券商負有更大的責任對企業進行投資價值、發展前景、競爭力的評估，信息透明度成為重點。不過，中國股市仍以散戶為主，對這項改革的關注度顯然不及資金寬鬆和短期利好消息，制度和股民的成熟度仍有一段落差需要磨合。

4. **地方債置換**：地方政府過去經過影子銀行與融資平台的借貸，創造了太多沒有回收能力的空屋和基礎建設項目。產生的壞帳多年來都是中國金融市場的一顆不

定時炸彈。「兩會」期間，財政部批覆了一萬億的地方債務置換的額度，被視為處理地方債務問題的一大關鍵步驟。

地方債置換的意義，在於將過去晦暗不明的地方債務導向公共交易平台，提高透明度，便於監管。同時解決地方債期間錯配、降低資金成本，用低息的7至10年市政債置換高息的3至5年城投債，舒緩地方債的流動性和償還壓力。對健全公共債務市場起了示範作用。不過，還有兩個問題考驗著政策效果：(1)此波置換額度僅一萬億，對照兩年前審計署審計的地方政府償還責任的10.8萬億而言不到十分之一，依照國泰君安證券的估算，實際數字可能達到13至15萬億。這一萬億只有「試點」效果，成效尚難評估；(2)對地方政府而言，債務置換只減輕了短期還款和高息的壓力，以現今三、四線城市房市低迷、抵押品縮水的狀況來看，壞帳終究還不出來。財政部雖然表明地方債由地方政府償還，中央不負保證責任，但最終中央政府仍可能得出面解決。

5. **國企改革**：「工作報告」列舉了國企改革的重點。國務院成立了國企改革領導小組，今年可出台國企改革系列方案，發改委副主任穆虹在「兩會」期間亦做了證實。改革重點在於(1)混合所有制；(2)國企資產證

券化；(3)國企經營效率；(4)股權激勵和員工持股；(5)以管理資本取代管人管事。

國企改革的話題早在「十二五」規劃中提及，迄今仍在高調談論改革方案，顯見其困難。國營企業是改革開放三十年來最大受益者之一，國企改革就是將過去的利益拿出來和眾人分享，其中的阻力難以形容，這仍是一條正確但難走的路。

五、投資機會

許多人看「工作報告」的反應，大多認為是制式的官方文件，很難從固定格式中看出太多端倪。不過，產業界人士希望從中找出政府指引的發展路徑，廣大投資人則希望挖掘出下一個爆發性的獲利機會。當然，角度不同，立場各異，各行各業在這二萬字當中各取所需，也各自尋找對自己有利的觀點和字句。

前述金融改革會是所有改革項目的重中之重。對更多投資人來說，「工作報告」代表的是巨大的投資機會和獲利潛能。每當「工作報告」出爐，各方投資研究機構、分析人員、媒體評論競相解讀講評，咬文嚼字，企圖從中找尋下個可能的投資機會。以下對「工作報告」的字裡行間所透露出的投資機會做一番解讀。

　　對照過去「工作報告」中對過去一年的總結，今年的用字更顯得情勢險峻：

　　「投資增長乏力，新的消費熱點不多，國際市場沒有大的起色，穩增長難度加大，一些領域仍存在風險隱患。」

　　同樣的段落，2014年「工作報告」的寫法是：

　　「經濟穩中向好基礎還不牢固，增長的內生動力尚待增強。財政、金融等領域仍存在一些風險隱患，部分行業產能嚴重過剩，宏觀調控難度增大，農業增產農民增收難度加大。」

　　首先，過去在各式政府經濟文件中，「穩中向好」是常見的字眼，但在今年的「工作報告」中卻不見踪跡，取而代之的是「難度加大」。中國政府顯然體認到經濟下行壓力不但沉重，而且難以抵禦。

　　其次，經濟下行的原因是全面性的。以國民所得會計帳的分類來看，「投資增長乏力」表示民間投資（I）不見起色；「新的消費熱點不多」表示民間消費（C）增長有限；「國際市場沒有大的起色」代表對外貿易（X-M）也無法產生貢獻。

如此一來，經濟下行的風險將十分巨大，7%的目標似乎過於樂觀，政府經濟工作重心應該會有所調整才是。相較去年，今年「工作報告」更強調「保持穩增長與調結構的平衡」。

從2014與2015年「工作報告」的年度工作要點中，我們看到了一些差異：

2014年「工作報告」的年度工作要點是：

「堅持穩中求進工作總基調，把改革創新貫穿於經濟社會發展各個領域各個環節。」

到了2015年，「工作報告」的年度工作要點成為：

「主動適應和引領經濟發展新常態，堅持穩中求進工作總基調，保持經濟運行在合理區間，著力提高經濟發展品質和效益，把轉方式調結構放到更加重要位置。」

細讀這兩段文字，可以感受到重點的差別。2014年的工作要點中，改革創新的字眼躍然紙上，「進」與「穩」之間的重要程度相當，甚至「進」還略凌駕於「穩」之上；到了2015年，工作要點的前三句話，幾乎已表明政府今年經濟工作，「穩」的重要性要高於「進」，轉方式調結構都要在穩

增長的大架構下進行。

同樣地，在去年和今年總體部署重點也看出類似的差異：

2014年的「工作報告」中，總體部署的重點是：

「向深化改革要動力；保持經濟運行處在合理區間；著力提質增效升級、持續改善民生。」

到了2015年，總體部署的重點變成：

「穩定和完善宏觀經濟政策；保持穩增長與調結構的平衡；培育和催生經濟社會發展新動力。」

同樣可以看出當中的差異。這一微小的差異反映在政策上，就有輕重緩急的區別。

認清了「穩增長」的優先順位，以及當前民間消費（C）、民間投資（I）、國際貿易（X-M）均無法提供有效抵禦經濟下行風險的能力。「工作報告」隱含的解答是：政府投資（G）仍必須扮演中流砥柱的角色。從這個思路看來，「積極的財政政策要加力增效……財政赤字1.62萬億元，比去年增加2700億元，赤字率從去年的2.1%提高到2.3%」；「鐵路投資要保持在8000億元以上，新投產里程

8000公里以上……在建重大水利工程投資規模超過8000億元。棚改、鐵路、水利等投資多箭齊發」的宣示也就不足為奇。只不過，這次的政府投資的選項被隱藏在字裡行間，成為穩增長的手段。政府角色也從過去的資金、項目一把抓，逐漸轉為制定方向、創造渠道與環境、吸引民間龐大的資源和人才投入，拉動已現疲態的民間消費和投資。「促改革調結構」的思維此時滲透進來，否則增加區區2700億政府赤字如何撐起經濟下行風險？別忘了，2015年經濟社會發展的第一項主要任務是「增強內需對經濟增長的拉動力」。

因此，對於投資機會做了以下的解讀：

在「多管齊下改革投融資體制」之下，金融市場規模將會明顯擴大。像是地方債務的轉換、「專項債券」的發行、「股票發行註冊制」、「中小企業的區域性股權市場」、「股權眾籌融資試點」、「信貸資產證券化」等等。吸引國內外資金的力量將會逐年加大，中國金融市場多個「處女地」將成為新一波資金進駐的焦點。前述股票發行註冊制在今年底可望上路，這將帶動中國股市新一波景象。

新興產業和新興業態，將取代「五朵金花」（石化、電力、鋼鐵、銀行、汽車）成為關注焦點。例如高端裝備、信息網絡、集成電路、新能源、新材料、生物醫藥、航空發動機、燃氣輪機。最積極的是以互聯網為載體的「互聯網+」行動計畫，已經把「線上線下互動的新興消費搞得紅紅火

火」，還要進一步推動移動互聯網、雲計算、大數據、物聯網等與現代製造業結合。這些新興、股本小、潛力無窮的產業，儘管具有高投資風險，仍能吸引投資人的目光。

具改革題材的國有企業、國有投資和運營公司，將享有「公司治理」的改革紅利。國有企業混合所有制改革，鼓勵和規範投資項目引入非國有資本參股。去年「三桶油」（中石油、中石化、中海油）探路混合所有制已引起熱議，股市也給予了正面評價。此外，公共私營合作制會是政府與社會資本合作進行公共工程的標準模式，未來與油電、水利、電信、交通、環保、棚戶區改造工程相關的企業，都有機會嚐到這一波改革紅利。

中國已毫無懸念晉身大國之列。其戰略大開大闔，於國際間博弈角力；其政策鉅細靡遺，字裡行間見微知著。解讀中國，理解中國，角度不同，觀點各異。官方文字或許原則寬泛，但能見其廣；庶民體驗或許天差地遠，但能見其深。見樹見林，各有所取。近年的「工作報告」開始使用比較貼近民心的語言，調整政府在政策傳遞過程中扮演的角色。用務實的觀點看中國未來政策的走向，才能對這個崛起的大國有更切實的認識。

唐祖蔭

2015年4月於台北

「政府工作報告」框架

「政府工作報告」形成過程

寧吉喆
（政府工作報告起草組負責人、國務院研究室主任）

報告誕生：創新起草方式

黨中央、國務院高度重視「政府工作報告」起草工作。習近平總書記先後主持中央政治局常委會議、中央政治局會議，審議和討論報告稿。李克強總理主持政府工作報告的起草工作，先後召開國務院常務會議、國務院全體會議，審議和討論報告稿。

報告起草工作從去年八九月就已啟動，起草組以國務院研究室人員為主，國務院有關部門都有人員參加。此外，還有一些研究單位、智庫的專家參加，部分地方政府的人員也參與了起草工作。報告經過反覆研究、反覆分析，修改達四五十稿。

報告廣泛徵求了社會各方面的意見。李克強總理主持召開3次座談會，聽取各方面意見。發出了報告徵求意見稿近4000份，在全國範圍內廣泛徵求地方、部門和單位的意見，各方面提出的意見上千條，經過整理已盡可能吸收到政府工作報告中。

今年政府工作報告起草在方式上有所創新，運用智庫、專家庫提供支撐，運用互聯網、大數據、雲計算等現代方法和手段，找內容、找數據、找詞語。中國政府網還聯合數家網站，發起「2015政府工作報告我來寫——我為政府工作獻一策」建言活動，及時把意見和建議轉給起草組。據不完全統計，活動在全社會收集的意見和建議有4萬多條，經篩選整理出來1000多條都轉給起草組，其中直接吸收的至少有幾十條。

國務院研究室還與國家外國專家局聯合召開座談會徵求外國專家意見，來自6個國家的十幾位專家提出了非常好的意見。此外，起草組還召開全國人大代表座談會，事先聽取代表意見。另外，還邀請在京學習、培訓的各地方黨政負責人，聽取地市、縣一級負責人的意見。

「政府工作報告」基本結構

（3大板塊、6大部分）

第一板塊

　2014年工作回顧

第二板塊

　2015年工作總體部署

第三板塊

　把改革開放扎實推向縱深

　協調推動經濟穩定增長和結構優化

　持續推進民生改善和社會建設

　切實加強政府自身建設

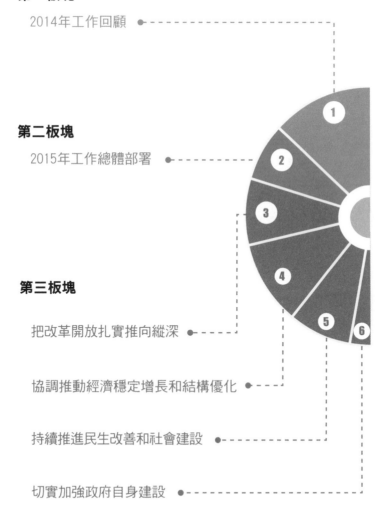

「政府工作報告」內容總目

2014年工作回顧

概 況

- 經濟社會發展總體平穩，穩中有進

主要成績

- 在區間調控基礎上實施定向調控，保持經濟穩定增長
- 深化改革開放，激發經濟社會發展活力
- 加大結構調整力度，增強發展後勁
- 織密織牢民生保障網，增進人民福祉
- 創新社會治理，促進和諧穩定
- 外交工作成果豐碩

前進中的困難和挑戰

2015年工作總體部署

- 總體要求
- 主要預期目標
- 把握三個重點
  - 穩定和完善宏觀經濟政策
  - 保持穩增長與調結構的平衡
  - 培育和催生經濟社會發展新動力

協調推動經濟穩定增長和結構優化

- 加快培育消費增長點
- 增加公共產品有效投資
- 加快推進農業現代化
- 推進新型城鎮化取得新突破
- 拓展區域發展新空間
- 推動產業結構邁向中高端
- 以體制創新推動科技創新

3 把改革開放扎實推向縱深

六大重點改革

- 加大簡政放權、放管結合改革力度
- 多管齊下改革投融資體制
- 不失時機加快價格改革
- 推動財稅體制改革取得新進展
- 圍繞服務實體經濟推進金融改革
- 深化國企國資改革

新一輪對外開放

- 推動外貿轉型升級
- 更加積極有效利用外資
- 加快實施走出去戰略
- 構建全方位對外開放新格局
- 統籌多雙邊和區域開放合作

持續推進民生改善和社會建設 *5*

- 著力促進創業就業
- 加強社會保障和增加居民收入
- 促進教育公平發展和質量提升
- 加快健全基本醫療衛生制度
- 讓人民群眾享有更多更好文化發展成果
- 加強和創新社會治理
- 打好節能減排和環境治理攻堅戰

6 切實加強政府自身建設

四個堅持

- 堅持依憲施政，依法行政
- 堅持創新管理，強化服務
- 堅持依法用權，倡儉治奢
- 堅持主動作為，狠抓落實

「政府工作報告」重點 30

一、2014年工作回顧

1 2014我國經濟社會發展穩中有進：增速穩、就業穩、價格穩；經濟結構有新的優化，發展質量有新的提升，人民生活有新的改善，改革開放有新的突破

 7.4%

■ 國內生產總值達到63.6萬億元
比上年增長7.4%
在世界主要經濟體中名列前茅

 ■ 城鎮新增就業1322萬人
高於上年

 ■ 居民消費價格漲幅2%
低於上年

 ■ 糧食產量達到6.07億噸

 ■ 消費對經濟增長的貢獻率
達到51.2%

 ■ 服務業增加值比重
由46.9%提高到48.2%

 ■ 全國居民人均可支配收入增長8%
農民人均可支配收入增長9.2%
快於城鎮居民收入增長

 ■ 農村貧困人口
減少1232萬人

 ■ 6600多萬農村人口
飲水安全問題得到解決

 ■ 出境旅遊超過
1億人次

 ■ 本屆政府減少1/3行政審
批事項的目標提前實現

2 經濟增速放緩，新增就業不降反增，顯示了改革的巨大威力和市場的無限潛力。

- 全年取消和下放246項行政審批事項
  取消評比達標表彰項目29項
  職業資格許可和認定事項149項

- 新登記註冊市場主體達到1293萬戶
  其中新登記註冊企業增長45.9%

3 實際使用外商直接投資居世界首位，對外直接投資突破千億美元，與利用外資並駕齊驅。

1175.86億美元　　1196億美元
2013年　　　　　2014年

實際使用外商直接投資

1029億美元
2014年

對外直接投資

4 實現糧食產量「十一連增」、農民收入「五連快」。

- 新增節水灌溉面積223萬公頃
- 新建改建農村公路23萬公里
- 農業新型經營主體加快成長

5 儘管財政收入增速放緩，支出壓力加大
但財政用於民生的比例達到70%以上
財政性教育經費支出佔國內生產總值比例超過4%。

- 統一城鄉居民基本養老保
  險制度，企業退休人員基
  本養老金水平又提高10%

- 新開工保障性安居
  工程740萬套
  基本建成511萬套

城鄉低保標準分別提高9.97%和14.1%
殘疾軍人、烈屬和老復員軍人等優撫對象撫恤
和生活補助標準提高20%以上

28個省份實現了農
民工隨遷子女在流
入地參加高考

貧困地區農村學生上
重點高校人數連續兩
年增長10%以上

全民醫保覆蓋面超過
95%

---

6 大國外交穩中有進，周邊外交呈現新局面，同發展中國
家合作取得新進展，經濟外交成果顯著，中國裝備正大
步走向世界。

鐵路、電力、油氣、通信等領域對外合作取得重要成果

---

7 直面困難和挑戰：
少數政府機關工作人員亂作為，一些腐敗問題觸目驚心。有的
為官不為，在其位不謀其政，該辦的事不辦……

要直面問題，安不忘危，治不忘亂，勇於擔當，
不辱歷史使命，不負人民重托

二、2015年工作總體部署和重點任務

8 必須毫不動搖堅持以經濟建設為中心，切實抓好
發展這個執政興國第一要務。

發展必須有合理的增長速度

9 著眼「雙目標」，堅持「雙結合」，打造「雙引擎」，推動發展調速不減勢，量增質更優，實現中國經濟提質增效升級。

- 國內生產總值增長7%左右，居民消費價格漲幅3%左右

- 城鎮新增就業1000萬人以上，城鎮登記失業率4.5%以內

- 進出口增長6%左右，國際收支基本平衡，居民收入增長與經濟發展同步

- 能耗強度下降3.1%以上，主要污染物排放繼續減少

10 積極的財政政策要加力增效。繼續實行結構性減稅和普遍性降費，進一步減輕企業特別是小微企業負擔。

- 今年擬安排財政赤字1.62萬億元
  比去年增加2700億元
  赤字率從去年的2.1%提高到2.3%

11 穩健的貨幣政策要鬆緊適度。降低社會融資成本，讓更多的金融活水流向實體經濟。

- 廣義貨幣M2預期增長12%左右，根據經濟發展需要，也可以略高些

12 大道至簡，有權不可任性。所有行政審批事項都要簡化程序，明確時限，用政府權力的「減法」，換取市場活力的「乘法」。

- 今年再取消和下放一批行政審批事項，全部取消非行政許可審批
- 制定市場准入負面清單，公佈省級政府權力清單、責任清單

13 除法定涉密信息外，中央和地方所有部門預決算都要公
開，全面接受社會監督。

■ 提高國有資本經營預算調入一般公共預算的比例

14 推動具備條件的民間資本依法發起設立中小型銀行等金
融機構，成熟一家，批准一家，不設限額。

■ 發展普惠金融，讓所有市場主體都能分享金融服務的雨露甘霖

15 把外商投資限制類條目縮減一半。打造穩定公平透明可
預期的營商環境。

■ 全面推行普遍備案、有限核准的管理制度，大幅下放鼓勵類項
目核准權，探索准入前國民待遇加負面清單管理模式

16 推動鐵路、電力、通信、工程機械以及汽車、飛機、電子等中國
裝備走向世界。讓中國企業走得出、走得穩，在國際競爭中強筋
健骨、發展壯大。

■ 擴大出口信用保險規模，對大型成套設備出口融資應保盡保
■ 拓寬外匯儲備運用渠道，健全金融、信息、法律、領事保護服務

17 鼓勵大眾消費，控制「三公」消費。

六大消費工程：

■ 促進養老家政健康消費工程

■ 壯大信息消費工程

◾ 提升旅遊休閒消費工程　　　　 ◾ 推動綠色消費工程

 ◾ 穩定住房消費工程　　　　　　 ◾ 擴大教育文化體育消費工程

---

18 把以互聯網為載體、線上線下互動的新興消費搞得紅紅火火。

- 全面推進「三網」融合，加快建設光纖網絡，大幅提升寬帶網絡速率，發展物流快遞
- 建立健全消費品質量安全監管、追溯、召回制度，嚴肅查處製售假冒偽劣行為

---

19 政府不唱投資的「獨角戲」，要充分激發民間投資活力，引導社會資本投向更多領域。

- 今年中央預算內投資增加到4776億元
- 鐵路投資要保持在8000億元以上，新投產里程8000公里以上，重點向中西部地區傾斜
- 在建重大水利工程投資規模超過8000億元
- 棚改、鐵路、水利等投資多箭齊發，重點向中西部地區傾斜

---

20 難度再大，今年也要再減少農村貧困人口1000萬人以上。

- 今年再解決農村6000萬人飲水安全問題
- 新建改建農村公路20萬公里
- 全面完成西部邊遠山區溜索改橋任務
- 力爭讓最後20多萬無電人口都能用上電

21 無論財政多困難，惠農政策只能加強不能削弱，支農資金只能增加不能減少。

- 今年糧食產量要穩定在5.5億噸以上
- 完善糧食最低收購價和臨時收儲政策，改進農產品目標價格補貼辦法
- 加強涉農資金統籌整合和管理

22 堅決治理污染、擁堵等城市病，讓出行更方便、環境更宜居。

- 提升城鎮規劃建設管理水平，有序推進基礎設施和基本公共服務同城化
- 把城市危房改造納入棚戶區改造政策範圍

23 加快從製造大國向製造強國邁進。
要整合籌措更多資金，為產業創新加油助力。

- 實施「中國製造2025」，制定「互聯網＋」行動計畫
- 促進電子商務、工業互聯網和互聯網金融健康發展，引導互聯網企業拓展國際市場

24 中小微企業大有可為，要扶上馬、送一程，使「草根」創新蔚然成風、遍地開花。

- 依法打擊侵權行為，切實保護發明創造，讓創新之樹枝繁葉茂
- 大力發展眾創空間，增設國家自主創新示範區

25 民之疾苦，國之要事，我們要竭盡全力，堅決把民生底線兜住兜牢。

- 企業退休人員基本養老金標準提高10%
- 城鄉居民基礎養老金標準統一由55元提高到70元

26 教育是今天的事業、明天的希望。
要讓每個人都有機會通過教育改變自身命運。

- ▣ 建設世界一流大學和一流學科
- ▣ 暢通農村和貧困地區學子縱向流動的渠道

27 不斷提高醫療衛生水平,打造健康中國。

- ▣ 完善城鄉居民基本醫保,
  財政補助標準由每人每年320元提高到380元
- ▣ 在100個地級以上城市進行公立醫院改革試點
- ▣ 人均基本公共衛生服務經費補助標準由35元提高到40元

28 環境污染是民生之患、民心之痛,要鐵腕治理。

- ▣ 二氧化碳排放強度要降低3.1%以上,
  化學需氧量、氨氮排放都要減少2%左右
- ▣ 促進重點區域煤炭消費零增長
- ▣ 2005年底前註冊營運的黃標車要全部淘汰

29 所有行政行為都要於法有據,任何政府部門都不得法外設權。

30 經濟發展進入新常態,精神面貌要有新狀態。

- ▣ 要完善政績考核評價機制:
  對實績突出的,要大力褒獎
  對工作不力的,要約談誡勉
  對為官不為、懶政怠政的,要公開曝光、堅決追究責任

「政府工作報告」詳解

1

2014年
工作回顧

- 在區間調控基礎上實施定向調控，保持經濟穩定增長

- 深化改革開放，激發經濟社會發展活力

- 加大結構調整力度，增強發展後勁

- 織密織牢民生保障網，增進人民福祉

- 創新社會治理，促進和諧穩定

政府工作報告

—— 2015 年 3 月 5 日在第十二屆全國人民
代表大會第三次會議上

李 克 強

各位代表：

現在，我代表國務院，向大會報告政府工作，請予審議，並請全國政協各位委員提出意見。

一、2014 年工作回顧

過去一年，我國發展面臨的國際國內環境複雜嚴峻。全球經濟復甦艱難曲折，主要經濟體走勢分化。國內經濟下行壓力持續加大，多重困難和挑戰相互交織。在以習近平同志為總書記的黨中央堅強領導下，全國各族人民萬眾一心，克難攻堅，完成了全年經濟社會發展主要目標任務，全面建成

〔專家釋讀〕

徐紹史（中國國家發展和改革委員會主任）

如何看待2014年中國國內生產總值增長7.4%

　　有人說7.4%是新世紀以來中國增長最低的一個年份，但我認為這個問題應該發展地、辯證地、全面地來看。第一，應該肯定7.4%的增長是在合理的區間。它與預期目標是一致的，而且在世界各國當中，這個增長速度是名列前茅的。第二，經濟的增量比較大。去年中國GDP 總量已經達到了636463億元人民幣，7.4%的增量就有8000多億美元。相當於世界上排位前20 位國家的後面幾位國家年度經濟的總量，這個量已經是很不小的一個量了。第三，經濟增長的質量有所提升，服務業超過製造業，消費對經濟增長的貢獻超過投資，這就是結構上的兩個重大的變化，說明我們經濟增長的質量在不斷地提升。

（2015 年中國全國兩會記者會）

　　小康社會邁出堅實步伐，全面深化改革實現良好開局，全面依法治國開啟新征程，全面從嚴治黨取得新進展。

　　一年來，我國經濟社會發展總體平穩，穩中有進。「穩」的主要標誌是，經濟運行處於合理區間。增速穩，國內生產總值達到63.6萬億元，比上年增長7.4%，在世界主要經濟體中名列前茅。就業穩，城鎮新增就業1322萬人，高於上年。價格穩，居民消費價格上漲2%。「進」的總體特徵是，發展的協調性和可持續性增強。經濟結構有新的優化，糧食產量達到6.07億噸，消費對經濟增長的貢獻率上升3個百分點，達到51.2%，服務業增加值比重由46.9%提高到48.2%，新產業、新業態、新商業模式不斷湧現。中西部地

「三穩」

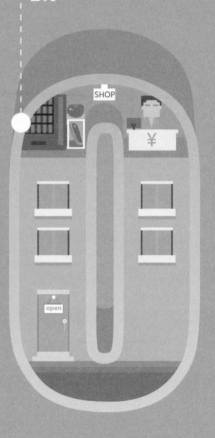

增速穩

國內生產總值達到
63.6 萬億元

比上年增長
7.4%

價格穩

居民消費價格上漲
2%

就業穩

城鎮新增就業
1322 萬人

「四進」

經濟結構
有新的優化

消費
貢獻率
51.2%

服務業增
加值比重
48.2%

一般公共預算
↑ **8.6**%

研究與試驗
發展經費支
出與國內生
產總值之比
超過 **2**%

能耗強度
↓ **4.8**%

發展質量
有新的提升

人民生活
有新的改善

全國居民人均
可支配收入 ↑ **8**%

農村居民
人均可支
配收入
實際增長
9.2%

農村貧困
人口減少
1232
萬人

解決
6600多萬
農村人口
飲水安全問題

出境旅遊超過 **1億** 人次

減少 **1/3**
行政審批事項

改革開放
有新的突破

區經濟增速快於東部地區。發展質量有新的提升，一般公共預算收入增長8.6%，研究與試驗發展經費支出與國內生產總值之比超過2%，能耗強度下降4.8%，是近年來最大降幅。人民生活有新的改善，全國居民人均可支配收入實際增長8%，快於經濟增長；農村居民人均可支配收入實際增長9.2%，快於城鎮居民收入增長；農村貧困人口減少1232萬

中國十二屆全國人大三次會議開幕

卡梅倫：中國是一個神奇的故事

人；6600多萬農村人口飲水安全問題得到解決；出境旅遊超過1億人次。改革開放有新的突破，全面深化改革系列重點任務啟動實施，本屆政府減少1/3行政審批事項的目標提前實現。這份成績單的確來之不易，它凝聚著全國各族人民的心血和汗水，堅定了我們奮勇前行的決心和信心。

過去一年，困難和挑戰比預想的大。我們迎難而上，主要做了以下工作。

一是在區間調控基礎上實施定向調控，保持經濟穩定增長。 面對經濟下行壓力加大態勢，我們保持戰略定力，穩定宏觀經濟政策，沒有採取短期強刺激措施，而是繼續創新宏觀調控思路和方式，實行定向調控，激活力、補短板、強實體。把握經濟運行合理區間的上下限，抓住發展中的突出矛盾和結構性問題，定向施策，聚焦靶心，精準發力。向促改革要動力，向調結構要助力，向惠民生要

從2013年開始，宏觀調控明確經濟運行合理區間，把穩增長、保就業作為「下限」，防通脹作為「上限」。形成了區間調控的思路和方法。2014年，在區間調控基礎上創新實施定向調控，基本思路是激活力、補短板、強實體，抓住經濟社會發展的關鍵領域和薄弱環節。確定調控「靶點」，在精準、及時、適度上下功夫，預調微調、遠近結合、防範風險，推動經濟提質增效升級和行穩致遠。

定向調控作為區間調控的重要組成部分，重點是要針對區間內出現的不同情景，匹配不同的對策措施。精準發力、定向施策、更多依靠市場力量，更多運用改革辦法，進行「噴灌」、「滴灌」，不搞「大水漫灌」。通過針對不同調控領域，制定清晰明確的調控政策。使預調微調和必要的「先手棋」更加有的放矢，更具針對性，體現了對宏觀調控深處著力和精準發力的更高要求。

潛力，既擴大市場需求，又增加有效供給，努力做到結構調優而不失速。

有效實施積極的財政政策和穩健的貨幣政策。實行定向減稅和普遍性降費，拓寬小微企業稅收優惠政策範圍，擴大「營改增」試點。加快財政支出進度，積極盤活存量資金。靈活運用貨幣政策工具，採取定向降準、定向再貸款、非對稱降息等措施，加大對經濟社會發展薄弱環節的支持力度，小微企業、「三農」貸款增速比各項貸款平均增速分別高4.2和0.7個百分點。同時，完善金融監管，堅決守住不發生區域性系統性風險的底線。

　　二是深化改革開放，激發經濟社會發展活力。針對束縛發展的體制機制障礙，我們通過全面深化改革，以釋放市場活力對沖經濟下行壓力，啃了不少硬骨頭，經濟、政治、文

化、社會、生態文明等體制改革全面推進。

扎實推動重點改革。制定並實施深化財稅體制改革總體方案，預算管理制度和稅制改革取得重要進展，專項轉移支付項目比上年減少1/3以上，一般性轉移支付比重增加，地方政府性債務管理得到加強。存款利率和匯率浮動區間擴大，民營銀行試點邁出新步伐，「滬港通」試點啟動，外匯儲備、保險資金運用範圍拓展。能源、交通、環保、通信等領域價格改革加快。啟動科技資金管理、考試招生、戶籍、機關事業單位養老保險制度等改革。

繼續把簡政放權、放管結合作為改革的重頭戲。國務院各部門全年取消和下放246項行政審批事項，取消評比達標表彰項目29項、職業資格許可和認定事項149項，再次修訂投資項目核准目錄，大幅縮減核准範圍。著力改革商事制度，新登記註冊市場主體達到1293萬戶，其中新登記註冊企業增長45.9%，形成新的創業熱潮。經濟增速放緩，新增就業不降反增，顯示了改革的巨大威力和市場的無限潛力。

以開放促改革促發展。擴展上海自由貿易試驗區範圍，新設廣東、天津、福建自由貿易試驗區。穩定出口，增加進口，出口佔國際市場份額繼續提升。實際使用外商直接投資1196億美元，居世界首位。對外直接投資1029億美元，與利用外資並駕齊驅。中國與冰島、瑞士自貿區啟動實施，中韓、中澳自貿區完成實質性談判。鐵路、電力、油氣、通信

〔延伸知識〕

　　中國自由貿易區是指在中國國境內關外設立的，以優惠稅收和海關特殊監管政策為主要手段，以貿易自由化、便利化為主要目的的多功能經濟性特區。原則上是指在沒有海關「干預」的情況下允許貨物進口、製造、再出口。

　　中國自由貿易區是中國政府全力打造經濟升級版的一項重大舉動，其力度和意義堪與20世紀80年代建立深圳特區和90年代開發浦東兩大事件相媲美。其核心是營造一個符合國際慣例的、對內外資的投資都具有國際競爭力的國際商業環境。

等領域對外合作取得重要成果，中國裝備正大步走向世界。

三是加大結構調整力度，增強發展後勁。在結構性矛盾突出的情況下，我們積極作為，有扶有控，多辦當前急需又利長遠的事，夯實經濟社會發展根基。

不斷鞏固農業基礎。加大強農惠農富農政策力度，實現糧食產量「十一連增」、農民收入「五連快」。農業綜合生產能力穩步提高，農業科技和機械化水平持續提升，重大水利工程建設進度加快，新增節水灌溉面積223萬公頃，新建改建農村公路23萬公里。新一輪退耕還林還草啟動實施。農村土地確權登記頒證有序進行，農業新型經營主體加快成長。

大力調整產業結構。著力培育新的增長點，促進服務業加快發展，支持發展移動互聯網、集成電路、高端裝備製

「創客」「創客」一詞來源於英文單詞「Maker」。「創客」熱衷於創新，自己掌握生產工具，以用戶創新為核心理念，善於發現問題和需求並提出解決方案，通過創意、設計、製造提供各種產品和服務。

造、新能源汽車等戰略性新興產業，互聯網金融異軍突起，電子商務、物流快遞等新業態快速成長，眾多「創客」脫穎而出，文化創意產業蓬勃發展。同時，繼續化解過剩產能，鋼鐵、水泥等15個重點行業淘汰落後產能年度任務如期完

2015年1月，李克強總理走進「柴火創客空間」，體驗年輕「創客」們的創意產品。

成。加強霧霾治理，淘汰黃標車和老舊車指標超額完成。

　　推進基礎設施建設和區域協調發展。京津冀協同發展、長江經濟帶建設取得重要進展。新建鐵路投產里程8427公里，高速鐵路運營里程達1.6萬公里，佔世界的60%以上。高速公路通車里程達11.2萬公里，水路、民航、管道建設進一步加強。農網改造穩步進行。寬帶用戶超過7.8億戶。經過多年努力，南水北調中線一期工程正式通水，惠及沿線億萬群眾。

　　實施創新驅動發展戰略。著力打通科技成果轉化通道，擴大中關村國家自主創新示範區試點政策實施範圍，推進科技資源開放共享，科技人員創新活力不斷釋放。超級計算、探月工程、衛星應用等重大科研項目取得新突破，我國自主

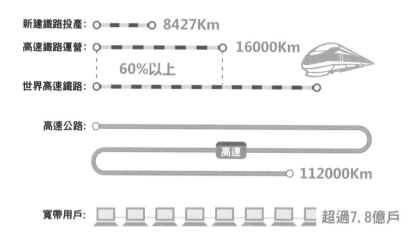

新建鐵路投產： 8427Km

高速鐵路運營： 16000Km

60%以上

世界高速鐵路：

高速公路： 112000Km

高速

寬帶用戶： 超過7.8億戶

推進基礎設施建設

研製的支線客機飛上藍天。

　　四是織密織牢民生保障網，增進人民福祉。我們堅持以人為本，持續增加民生投入，保基本、兜底線、建機制，儘管財政收入增速放緩、支出壓力加大，但財政用於民生的比例達到70%以上。

　　加強就業和社會保障。完善就業促進政策，推出創業引領計畫，高校畢業生就業穩中有升。統一城鄉居民基本養老保險制度，企業退休人員基本養老金水平又提高10%。新開工保障性安居工程740萬套，基本建成511萬套。全面建立臨時救助制度，城鄉低保標準分別提高9.97%和14.1%，殘疾軍人、烈屬和老復員軍人等優撫對象撫恤和生活補助標準提高20%以上。

　　繼續促進教育公平。加強貧困地區義務教育薄弱學校建設，提高家庭經濟困難學生資助水平，國家助學貸款資助標準大幅上調。中等職業學校免學費補助政策擴大到三年。實行義務教育免試就近入學政策，28個省份實現了農民工隨遷子女在流入地參加高考。貧困地區農村學生上重點高校人數連續兩年增長10%以上。經過努力，全國財政性教育經費支出佔國內生產總值比例超過4%。

　　深入推進醫藥衛生改革發展。城鄉居民大病保險試點擴大到所有省份，疾病應急救助制度基本建立，全民醫保覆蓋面超過95%。基層醫療衛生機構綜合改革深化，縣鄉村服務

網絡逐步完善。公立醫院改革試點縣市達到1300多個。

積極發展文化事業和文化產業。推動重大文化惠民項目建設，廣播電視「村村通」工程向「戶戶通」升級。實施文藝精品戰略，完善現代文化市場體系。群眾健身活動蓬勃開展，成功舉辦南京青奧會。

五是創新社會治理，促進和諧穩定。我們妥善應對自然災害和突發事件，有序化解社會矛盾，建立健全機制，強化源頭防範，保障人民生命安全，維護良好的社會秩序。

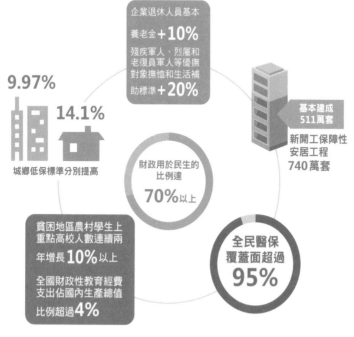

織密織牢民生保障網

去年雲南魯甸、景谷等地發生較強地震，我們及時高效展開抗震救災，災後恢復重建順利推進。積極援非抗擊埃博拉疫情，有效防控疫情輸入。加強安全生產工作，事故總量、重特大事故、重點行業事故持續下降。著力治理餐桌污染，食品藥品安全形勢總體穩定。

中國人民支持雲南魯甸抗震救災

我們大力推進依法行政，國務院提請全國人大常委會制定修訂食品安全法等法律15件，制定修訂企業信息公示暫行條例等行政法規38件。政務公開深入推進，政府重大決策和政策以多種形式向社會廣泛徵求意見。完成第三次全國經濟普查。改革信訪工作制度。法律援助範圍從低保群體擴大到低收入群體。加強城鄉社區建設，行業協會商會等四類社會組織實現直接登記。嚴厲打擊各類犯罪活動，強化社會治安綜合治理，維護了國家安全和公共安全。

我們嚴格落實黨中央八項規定精神，持之以恆糾正「四風」。嚴格執行國務院「約法三章」，政府性樓堂館所、機關事業單位人員編制、「三公」經費得到有效控制。加大行政監察和審計監督力度，推進黨風廉政建設和反腐敗鬥爭，嚴肅查處違紀違法案件，一批腐敗分子得到應有懲處。

我們狠抓重大政策措施的落實，認真開展督查，引入第三方評估和社會評價，建立長效機制，有力促進了各項工作。

一年來，外交工作成果豐碩。習近平主席等國家領導人出訪多國，出席二十國集團領導人峰會、金磚國家領導人會晤、上海合作組織峰會、東亞合作領導人系列會議、亞歐首腦會議、達沃斯論壇等重大活動。成功舉辦亞太經合組織第二十二次領導人非正式會議、亞信會議第四次峰會、博鰲亞洲論壇。積極參與多邊機制建立和國際規則制定。大國外交穩中有進，周邊外交呈現新局面，同發展中國家合作取得新進展，經濟外交成果顯著。推進絲綢之路經濟帶和21世紀海上絲綢之路建設，籌建亞洲基礎設施投資銀行，設立絲路基金。我們與各國的交往合作越來越緊密，中國在國際舞台上負責任大國形象日益彰顯。

習近平 2014 大國元首風雲外交掠影

各位代表！

一年來取得的成績，是以習近平同志為總書記的黨中央統攬全局、科學決策的結果，是全黨全軍全國各族人民共同努力、不懈奮鬥的結果。我代表國務院，向全國各族人民，向各民主黨派、各人民團體和各界人士，表示誠摯感謝！

李克強代表中國國務院向各界致謝

向香港特別行政區同胞、澳門特別行政區同胞、台灣同胞和海外僑胞，表示誠摯感謝！向關心和支持中國現代化建設事業的各國政府、國際組織和各國朋友，表示誠摯感謝！

我們既要看到成績，更要看到前進中的

困難和挑戰。投資增長乏力，新的消費熱點不多，國際市場沒有大的起色，穩增長難度加大，一些領域仍存在風險隱患。工業產品價格持續下降，生產要素成本上升，小微企業融資難融資貴問題突出，企業生產經營困難增多。經濟發展方式比較粗放，創新能力不足，產能過剩問題突出，農業基礎薄弱。群眾對醫療、養老、住房、交通、教育、收入分配、食品安全、社會治安等還有不少不滿意的地方。有些地方環境污染嚴重，重大安全事故時有發生。政府工作還存在不足，有些政策措施落實不到位。少數政府機關工作人員亂作為，一些腐敗問題觸目驚心，有的為官不為，在其位不謀

其政,該辦的事不辦。我們要直面問題,安不忘危,治不忘亂,勇於擔當,不辱歷史使命,不負人民重托。

2

2015年
工作總體部署

 總體要求

 主要預期目標

 把握三個重點

二、2015 年工作總體部署

　　我國是世界上最大的發展中國家，仍處於並將長期處於社會主義初級階段，發展是硬道理，是解決一切問題的基礎和關鍵。化解各種矛盾和風險，跨越「中等收入陷阱」，實現現代化，根本要靠發展，發展必須有合理的增長速度。同

從高速增長**轉向**中高速增長

經濟發展動力從傳統增長點**轉向**新的增長點

中國經濟發展**新常態**

經濟發展方式從規模速度型粗放增長**轉向**質量效率型集約增長

經濟結構從增量擴能為主**轉向**調整存量做優增量並存的深度調整

時，我國經濟發展進入新常態，正處在爬坡過坎的關口，體制機制弊端和結構性矛盾是「攔路虎」，不深化改革和調整經濟結構，就難以實現平穩健康發展。我們必須毫不動搖堅持以經濟建設為中心，切實抓好發展這個執政興國第一要務。必須堅持不懈依靠改革推動科學發展，加快轉變經濟發展方式，實現有質量有效益可持續的發展。

2014 中國中央經濟工作會議：中國經濟發展進入新常態

李克強：中國以發展為第一要務，和其他國家一起推車

當前，世界經濟正處於深度調整之中，復甦動力不足，地緣政治影響加重，不確定因素增多，推動增長、增加就業、調整結構成為國際社會共識。我國經濟下行壓力還在加大，發展中深層次矛盾突顯，今年面臨的困難可能比去年還要大。同時，我國發展仍處於可以大有作為的重要戰略機遇期，有巨大的潛力、韌性和回旋餘地。新型工業化、信息化、城鎮化、農業現代化持續推進，發展基礎日益雄厚，改革紅利正在釋放，宏觀調控積累了豐富經驗。我們必須增強憂患意識，堅定必勝信念，牢牢把握發展的主動權。

新的一年是全面深化改革的關鍵之年，是全面推進依法治國的開局之年，也是穩增長調結構的緊要之年。政府工作的總體要求是：高舉中國特色社會主義偉大旗幟，以鄧小平理論、「三個代表」重要思想、科學發展觀為指導，全

「四個全面」戰略佈局

面貫徹黨的十八大和十八屆三中、四中全會精神,貫徹落實習近平總書記系列重要講話精神,按照「四個全面」戰略佈局,主動適應和引領經濟發展新常態,堅持穩中求進工作總基調,保持經濟運行在合理區間,著力提高經濟發展質量和效益,把轉方式調結構放到更加重要位置,狠抓改革攻堅,突出創新驅動,強化風險防控,加強民

習近平論中國「四個全面」戰略佈局

生保障，處理好改革發展穩定關係，全面推進社會主義經濟建設、政治建設、文化建設、社會建設、生態文明建設，促進經濟平穩健康發展和社會和諧穩定。

我們要把握好總體要求，著眼於保持中高速增長和邁向中高端水平「雙目標」，堅持穩政策穩預期和促改革調結構「雙結合」，打造大眾創業、萬眾創新和增加公共產品、公共服務「雙引擎」，推動發展調速不減勢、量增質更優，實現中國經濟提質增效升級。

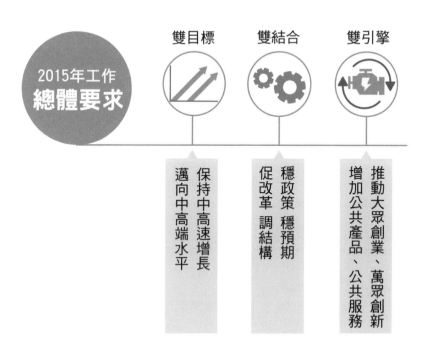

2015年工作
總體要求

雙目標　　雙結合　　雙引擎

保持中高速增長
邁向中高端水平

穩政策　穩預期
促改革　調結構

推動大眾創業、萬眾創新
增加公共產品、公共服務

雙引擎主要是指：一方面，充分發揮市場在資源配置中的決定性作用，培育打造新引擎，推動大眾創業，萬眾創新；另一方面，更好發揮政府作用，改造升級傳統引擎，增加公共產品，公共服務供給。

雙引擎

　　今年經濟社會發展的主要預期目標是：國內生產總值增長7%左右，居民消費價格漲幅3%左右，城鎮新增就業1000

國內生產總值

居民消費價格漲幅

城鎮新增就業

城鎮登記失業率

進出口增長

國際收支

居民收入增長與
經濟發展同步

能耗強度下降

主要污染物排放
繼續減少

2015年經濟社會發展主要預期目標

萬人以上，城鎮登記失業率4.5%以內，進出口增長6%左右，國際收支基本平衡，居民收入增長與經濟發展同步。能耗強度下降3.1%以上，主要污染物排放繼續減少。

李克強：中國2015年經濟社會發展主要預期目標

經濟增長預期7%左右，考慮了需要和可能，與全面建成小康社會目標相銜接，與經濟總量擴大和結構升級的要求相適應，符合發展規律，符合客觀實際。以這

〔專家釋讀〕

寧吉喆（中國政府工作報告起草組負責人、國務院研究室主任）

「政府工作報告」第一次把民生、環保目標和宏觀調控目標一同放在主要預期目標裡，這是符合中國實際的國情。

7%左右是預期還是指令？

經濟增長目標是預期性的，不是過去指令性的。報告中說得很清楚，要保持合理的增長速度，要保證經濟運行在合理區間，同時要努力爭取更好的結果。雖然是預期性、指導性的，但還是希望有質量、有效益的速度高一點。如果資源、能耗比較大的速度，高了就不好，但有質量、有效益的速度當然是高一點好。

CPI（全國居民消費價格總水平）目標為何設定在3%左右？

作為今年中國經濟社會發展和宏觀調控的主要預期目標之一，這一目標的設定為價格改革留下了空間，這是最重要的一點。中國今年1月份CPI漲幅是比較低的（0.8%），但從全年來看，還有結構性價格上漲因素，特別是農產品中蛋、奶等價格上漲。隨著全年經濟形勢的發展，價格受到國際市場、大宗商品價格波動的影響很大。把CPI考慮得更合理一些，留有餘地會比較主動，如果定低了，國際市場有變化時中國就會處於被動。

林毅夫：中國經濟
20年增長的潛力

樣的速度保持較長時期發展，實現現代化的物質基礎就會更加雄厚。穩增長也是為了保就業，隨著服務業比重上升、小微企業增多和經濟體量增大，7%左右的速度可以實現比較充分的就業。各地要從實際出發，積極進取、挖掘潛力，努力爭取更好結果。

做好今年政府工作，要把握好以下三點。

第一，穩定和完善宏觀經濟政策。繼續實施積極的財政政策和穩健的貨幣政策，更加注重預調微調，更加注重定向調控，用好增量，盤活存量，重點支持薄弱環節。以微觀活力支撐宏觀穩定，以供給創新帶動需求擴大，以結構調整促進總量平衡，確保經濟運行在合理區間。

積極的財政政策要加力增效。今年擬安排財政赤字1.62萬億元，比去年增加2700億元，赤字率從去年的2.1%提高到2.3%。其中，中央財政赤字1.12萬億元，增加1700億元；地方財政赤字5000億元，增加1000億元。處理好債務管理與穩增長的關係，創新和完善地方政府舉債融資機制。適當發行專項債券。保障符合條件的在建項目後續融資，防範和化解風險隱患。優化財政支出結構，大力盤活存量資金，提高使用效率。繼續實行結構性減稅和普遍性降費，進一步減輕企業特別是小微企業負擔。

　　穩健的貨幣政策要鬆緊適度。廣義貨幣M2預期增長12%左右，在實際執行中，根據經濟發展需要，也可以略高些。加強和改善宏觀審慎管理，靈活運用公開市場操作、利率、存款準備金率、再貸款等貨幣政策工具，保持貨幣信貸和社會融資規模平穩增長。加快資金周轉，優化信貸結構，提高

穩定和完善宏觀經濟政策

廣義貨幣M2　　貨幣供給的一種形式或口徑，以M2來表示，其計算方法是交易貨幣（M1，即社會流通貨幣總量加上活期存款）加上定期存款和儲蓄存款。

直接融資比重，降低社會融資成本，讓更多的金融活水流向實體經濟。

第二，保持穩增長與調結構的平衡。我國發展面臨「三期疊加」矛盾，資源環境約束加大，勞動力等要素成本上升，高投入、高消耗、偏重數量擴張的發展方式已經難以為繼，必須推動經濟在穩定增長中優化結構。既要穩住速度，確保經濟平穩運行，確保居民就業和收入持續增加，為調結構轉方式創造有利條件；又要調整結構，夯實穩增長的基礎。要增加研發投入，提高全要素生產率，加強質量、標準和品牌建設，促進服務業和戰略性新興產業比重提高、水平提升，優化經濟發展空間格局，加快培育新的增長點和增長極，實現在發展中升級、在升級中發展。

第三，培育和催生經濟社會發展新動力。當前經濟增長的傳統動力減弱，必須加大結構性改革力度，加快實施創新驅動發展戰略，改造傳統引擎，打造新引擎。一方面，增加公共產品和服務供給，加大政府對教育、衛生等的投入，

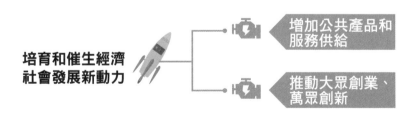

培育和催生經濟
社會發展新動力

增加公共產品和服務供給

推動大眾創業、萬眾創新

鼓勵社會參與，提高供給效率。這既能補短板、惠民生，也有利於擴需求、促發展。另一方面，推動大眾創業、萬眾創新。這既可以擴大就業、增加居民收入，又有利於促進社會縱向流動和公平正義。我國有13億人

李克強：推動「雙創」，讓更多的人富起來

口、9億勞動力資源，人民勤勞而智慧，蘊藏著無窮的創造力，千千萬萬個市場細胞活躍起來，必將匯聚成發展的巨大動能，一定能夠頂住經濟下行壓力，讓中國經濟始終充滿勃勃生機。政府要勇於自我革命，給市場和社會留足空間，為公平競爭搭好舞台。個人和企業要勇於創業創新，全社會要厚植創業創新文化，讓人們在創造財富的過程中，更好地實現精神追求和自身價值。

數字解讀2014「大眾創業、萬眾創新」

- 中國科技企業孵化器數量超過**1600**家
- 在孵企業**8**萬餘家
- 就業人數**175**萬

- 中國創業投資機構**1000**餘家
- 資本總量超過**3500**億元

- 中國國家高新區**115**家
- 園區註冊企業超過**50**萬家，僅中關村新增科技企業**1.3**萬家

- 中國近**30**萬項技術成果通過技術市場轉移轉化
- 中國全年技術合同成交額**8577**億元

投資促進型
如創新工場、車庫咖啡
和天使匯等

培訓輔導型
如聯想之星、亞傑商會、
北大創業訓練營等

2009年以來，在北京、深圳、武漢、杭州、西安、成都、蘇州等創新創業氣氛較為活躍的地區湧現出創新工場、車庫咖啡、創客空間等近百家新型孵化器

媒體延伸型
如創業家、創業邦
和36氪等

創客孵化型
如創客空間、柴火
空間、點名時間等

專業服務型
如雲計算產業孵化器、諾基亞體驗中心、微軟雲加速器等

創新創業新型孵化器

　　今年是「十二五」收官之年，我們要在完成「十二五」經濟社會發展目標任務的同時，以改革的精神、創新的理念和科學的方法，做好「十三五」規劃綱要編製工作，謀畫好未來五年的發展藍圖。

把改革開放
扎實推向縱深

加大簡政放權、放管結合改革力度

多管齊下改革投融資體制

不失時機加快價格改革

推動財稅體制改革取得新進展

圍繞服務實體經濟推進金融改革

深化國企國資改革

推動外貿轉型升級

更加積極有效利用外資

加快實施走出去戰略

構建全方位對外開放新格局

統籌多雙邊和區域開放合作

三、把改革開放扎實推向縱深

改革開放是推動發展的制勝法寶。必須以經濟體制改革為重點全面深化改革，統籌兼顧，真抓實幹，在牽動全局的改革上取得新突破，增強發展新動能。

加大簡政放權、放管結合改革力度。今年再取消和下放一批行政審批事項，全部取消非行政許可審批，建立規範行政審批的管理制度。深化商事制度改革，進一步簡化註冊資本登記，逐步實現「三證合一」，清理規範中介服務。制定市場准入負面清單，公佈省級政府權力

李克強：簡政放權，
痛也得下刀

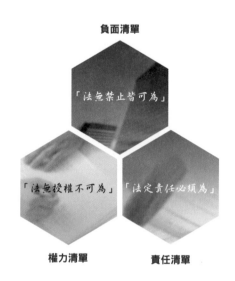

負面清單

「法無禁止皆可為」

「法無授權不可為」　　「法定責任必須為」

權力清單　　　　　　責任清單

〔專家釋讀〕

張茅（中國國家工商總局局長）

推進「三證合一」

李克強總理在政府工作報告中特別提到，要推進「三證合一」工作。所謂「三證」，即：工商營業執照、稅務登記證、質檢組織機構代碼證。現在這項工作正在進行，有些地方實行了「三證統發」。現在我們要推行的是「一證三號」，就是在營業執照上打上工商、稅務、質檢的三個號碼，目前24個省在推進這項工作。下一步就要簡化為「一證一號」。這項工作大大便利了企業，我們現在一般的註冊法定時間是20天，如果「三證合一」的話就會減少為5天。

清單、責任清單，切實做到法無授權不可為、法定職責必須為。地方政府對應當放給市場和社會的權力，要徹底放、不截留，對上級下放的審批事項，要接得住、管得好。加強事中事後監管，健全為企業和社會服務一張網，推進社會信用體系建設，建立全國統一的社會信用代碼制度和信用信息共享交換平台，依法保護企業和個人信息安全。大道至簡，有權不可任性。各級政府都要建立簡政放權、轉變職能的有力

統一社會信用代碼制度

以公民身份號碼和組織機構代碼為基礎的主體標識代碼制度，包括公民統一社會信用代碼、法人和其他組織統一社會信用代碼。實施統一社會信用代碼制度，是為每個公民、法人和其他組織發放一個唯一的、終身不變的主體標識代碼，並以其為載體採集、查詢、共享、比對各類主體信用信息，有利於促進信用信息資源共享，降低社會管理成本，提高公共服務水平，完善社會治理體系。

統一信用信息共享交換平台 | 連結各地區，各部門信用信息系統，開展信用信息共享、整合和服務的信息化基礎設施。該平台將逐步納入金融、工商登記、稅收繳納、社保繳費、交通違章等各領域信用信息，最終實現覆蓋全部信用主體、所有信用信息類別和全國所有區域，整合形成公民、法人和其他組織信用檔案，並按照有關規定為政府部門、社會公眾和徵信機構提供信息服務。

推進機制，給企業鬆綁，為創業提供便利，營造公平競爭環境。所有行政審批事項都要簡化程序，明確時限，用政府權力的「減法」，換取市場活力的「乘法」。

多管齊下改革投融資體制。大幅縮減政府核准投資項目範圍，下放核准權限。大幅減少投資項目前置審批，實行項目核准網上並聯辦理。大幅放寬民間投資市場准入，鼓勵社會資本發起設立股權投資基金。政府採取投資補助、資本金注入、設立基金等辦法，引導社會資本投入重點項目。以用好鐵路發展基金為抓手，深化鐵路投融資改革。在基礎設施、公用事業等領域，積極推廣政府和社會資本合作模式。

不失時機加快價格改革。改革方向是發揮市場在資源配置中的決定性作用，大幅縮減政府定價種類和項目，具備競

「PPP」政府和社會資本合作模式 | PPP是Public-Private-Partnership的縮寫，指政府通過特許經營權、合理定價、財政補貼等事先公開的收益約定規則，引入社會資本參與城市基礎設施等公益性事業投資和運營，以利益共享和風險共擔為特徵，發揮雙方優勢，提高公共產品或服務的質量和供給效率。

〔專家釋讀〕

徐紹史（中國國家發展和改革委員會主任）

進一步深化投融資體制改革

中國有很重要的兩件事，就是政府必須把一些現金流比較充裕又有穩定回報預期的好項目拿出來，讓社會資本、讓民間資本來做，政府還要進一步深化投融資體制改革，與政策性金融機構、基金、社保、保險、信貸、社會上的各種投資基金和投資公司加強合作，共同來擴大投資的規模。至於記者朋友提出是不是強刺激，我看這個問題是誤讀，中國這麼大的國家，而且現在還處於工業化、城鎮化的過程中，投資的領域很大，投資的潛力也很大，所以我們在一些需要投資的領域來加強投資是理所當然的事情，所以不存在強刺激這個問題。問題就是解決投資的效率，能夠得到精準有效的投資。

爭條件的商品和服務價格原則上都要放開。取消絕大部分藥品政府定價，下放一批基本公共服務收費定價權。擴大輸配電價改革試點，推進農業水價改革，健全節能環保價格政策。完善資源性產品價格，全面實行居民階梯價格制度。同時必須加強價格監管，規範市場秩序，確保低收入群眾基本生活。

　　推動財稅體制改革取得新進展。實行全面規範、公開透明的預算管理制度，除法定涉密信息外，中央和地方所有部門預決算都要公開，全面接受社會監督。提高國有資本經營預算調入一般公共預算的比例。推行中期財政規劃管理。制定盤活財政存量資金的有效辦法。力爭全面完成「營改

〔專家釋讀〕

樓繼偉（中國財政部部長）

「營改增」

我認為所有的增值稅和營業稅納稅人都會獲得好處。過去不動產是不納入抵扣的，現在不動產可以納入抵扣了。那麼，從道理上來說，實際上就等於是所有的行業都受益。因此，測算也就非常難。按照收入中性的原則，應當是稅率都要提高一點，才能使得總收入不下降，因為大家都受益了。但是，在經濟的下行期間，我們也不能夠完全這樣做，因此設計起來很麻煩，涉及到不動產的形態也不太一樣。辦公室有買的，有租的，廠房也有買的，也有租的，還有水壩和公路，不同的形態，非常複雜。所以設計是一個非常頭疼的問題，涉及到幾乎所有的企業，甚至包括個人住房房租，不動產的所有人有抵扣項增加，房租怎麼變化的，我們都要計算這些問題，不能算得很準，但是有一個大致的估量。

所以，現在正在做這個方案，很難的一個方案，是「營改增」最難的一步，也是我們今年要出台的。

（2015 年中國全國兩會記者會）

增」，調整完善消費稅政策，擴大資源稅從價計徵範圍。提請修訂稅收徵管法。改革轉移支付制度，完善中央和地方的事權與支出責任，合理調整中央和地方收入劃分。

圍繞服務實體經濟推進金融改革。推動具備條件的民間資本依法發起設立中小型銀行等金融機構，成熟一家，批准一家，不設限額。深化農村信用社改革，穩定其縣域法人地位。發揮好開發性金融、政策性金融在增加公共產品供給中的作用。推出存款保險制度。推進利率市場化改革，健全中

央銀行利率調控框架。保持人民幣匯率處於合理均衡水平，增強人民幣匯率雙向浮動彈性。穩步實現人民幣資本項目可兌換，擴大人民幣國際使用，加快建設人民幣跨境支付系統，完善人民幣全球清算服務體系，開展個人投資者境外投資試點，適時啟動「深港通」試點。加強多層次資本市場體系建設，實施股票發行註冊制改革，發展服務中小企業的區域性股權市場，開展股權眾籌融資試點，推進信貸資產證券化，擴大企業債券發行規模，發展金融衍生品市場。推出巨災保險、個人稅收遞延型商業養老保險。創新金融監管，防範和化解金融風險。大力發展普惠金融，讓所有市場主體都能分享金融服務的雨露甘霖。

深港通

深港通是深港股票市場交易互聯互通機制的簡稱，指深圳證券交易所和香港聯合交易所有限公司建立技術連接，使內地和香港投資者可以通過當地證券公司或經紀商買賣規定範圍內的對方交易所上市的股票。

金融衍生品

金融衍生品是指一種金融合約，其價值取決於一種或多種基礎資產或指數，合約的基本種類包括遠期、期貨、掉期（互換）和期權。金融衍生品還包括具有遠期、期貨、掉期（互換）和期權中一種或多種特徵的混合金融工具。

個人稅收遞延型商業養老保險是由保險公司承保的一種商業養老年金保險，主要面向繳納個人所得稅的社會公眾，公眾投保該商業養老年金保險，繳納的保險費允許稅前列支，養老金積累階段免稅，領取養老金時再相應繳納，這也是目前國際上採用較多的稅收優惠模式。

普惠金融是指立足機會平等要求和商業可持續原則，通過加大政策引導扶持、加強金融體系建設、健全金融基礎設施，以可負擔的成本為有金融服務需求的社會各階層和群體提供適當的、有效的金融服務，並確定農民、小微企業、城鎮低收入人群和殘疾人、老年人等其他特殊群體為惠普金融服務對象。

深化國企國資改革。準確界定不同國有企業功能，分類推進改革。加快國有資本投資公司、運營公司試點，打造市場化運作平台，提高國有資本運營效率。有序實施國有企業混合所有制改革，鼓勵和規範投資項目引入非國有資本參股。加快電力、油氣等體制改革。多渠道解決企業辦社會負擔和歷史遺留問題，保障職工合法權益。完善現代企業制度，改革和健全企業經營者激勵約束機制。要加強國有資產監管，防止國有資產流失，切實提高國有企業的經營效益。

非公有制經濟是我國經濟的重要組成部分。必須毫不動搖鼓勵、支持、引導非公有制經濟發展，注重發揮企業家才能，全面落實促進民營經濟發展的政策措施，增強各類所有制經濟活力，讓各類企業法人財產權依法得到保護。

繼續推進科技、教育、文化、醫藥衛生、養老保險、事業單位、住房公積金等領域改革。發展需要改革添動力，群眾期盼改革出實效，我們要努力交出一份為發展加力、讓人民受益的改革答卷。

開放也是改革。必須實施新一輪高水平對外開放，加快構建開放型經濟新體制，以開放的主動贏得發展的主動、國際競爭的主動。

推動外貿轉型升級。完善出口退稅負擔機制，自2015年起增量部分由中央財政全額負擔，讓地方和企業吃上「定心丸」。清理規範進出口環節收費，建立並公開收費項目清單。實施培育外貿競爭新優勢的政策措施，促進加工貿易轉型，發展外貿綜合服務平台和市場採購貿易，擴大跨境電子商務綜合試點，增加服務外包示範城市數量，提高服務貿易比重。實施更加積極的進口政策，擴大先進技術、關鍵設備、重要零部件等進口。

更加積極有效利用外資。修訂外商投資產業指導目錄，重點擴大服務業和一般製造業開放，把外商投資限制類條目縮減一半。全面推行普遍備案、有限核准的管理制度，大幅下放鼓勵類項目核准權，積極探索准入前國民待遇加負面清單管理模式。修訂外商投資相關法律，健全外商投資監管體系，打造穩定公平透明可預期的營商環境。

加快實施走出去戰略。鼓勵企業參與境外基礎設施建設

總理的「超級推銷」

回顧2014年每次出訪，中國總理李克強都盡職盡責地推銷「中國貨」，帶回了至少近1400億美元的大單，約合8500億元人民幣，其中最引人注目的是在能源、基建、金融和民生領域，尤其是鐵路方面。除高鐵外，還包括4G技術、核電、水電、風電、「新舟60」飛機以及中國在鋼鐵、水泥、平板玻璃等方面的裝備製造能力，領域越來越寬，李總理也被媒體譽為「超級推銷員」。

准入前國民待遇 准入前國民待遇的實質是外商投資的管理模式問題，它要求在外資進入階段給予國民待遇，即引資國應就外資進入給予外資不低於內資的待遇。這一待遇不是絕對的，允許有例外。世界各國較為普遍採用負面清單的方式，將其核心關注的行業和領域列入其中，保留特定形式的進入限制。未列入負面清單之中的行業和領域，則不能對外資維持限制。「准入前國民待遇和負面清單」模式已逐步演變為國際慣常做法，目前已有70餘個國家採用了這一模式。

和產能合作，推動鐵路、電力、通信、工程機械以及汽車、飛機、電子等中國裝備走向世界，促進冶金、建材等產業對外投資。實行以備案制為主的對外投資管理方式。擴大出口信用保險規模，對大型成套設備出口融資應保盡保。拓寬外匯儲備運用渠道，健全金融、信息、法律、領事保護服務。注重風險防範，提高海外權益保障能力。讓中國企業走得出、走得穩，在國際競爭中強筋健骨、發展壯大。

構建全方位對外開放新格局。推進絲綢之路經濟帶和21世紀海上絲綢之路合作建設。加快互聯互通、大通關和國際物流大通道建設。構建中巴、孟中印緬等經濟走廊。擴大內陸和沿邊開放，促進經濟技術開發區創新發展，提高邊境經濟合作區、跨境經濟合作區發展水平。積極推動上海和廣東、天津、福建自貿試驗區建設，在全國推廣成熟經驗，形成各具特色的改革開放高地。

統籌多雙邊和區域開放合作。維護多邊貿易體制，推動

〔專家釋讀〕

高虎城（中國商務部部長）

「一帶一路」

2013 年下半年中國國家主席習近平在訪問哈薩克斯坦和印尼期間分別提出了建設「絲綢之路經濟帶」和「二十一世紀海上絲綢之路」的戰略構想。「一帶一路」戰略構想的提出是借用古絲綢之路的歷史符號，秉承和平合作、開放包容、互學互鑑、互利共贏的絲路精神提出的一個戰略倡議。其主要內容是通過政策溝通、設施聯通、貿易暢通、資金融通以及民心相通來促進沿線各國的互聯互通、深化全方位的合作，建立一個政治互信、經濟融合、文化包容的利益共同體、命運共同體和責任共同體。

對於中國而言，有利於形成陸海統籌、東西互濟的全方位的對外開放新格局。大家可以看到中國的西南、中國的西北、中國的東北通過「一帶一路」的建設，就會由腹地變為開放的前沿。

對於沿線國家和世界而言，既有進入中高等發達國家的水平的合作對象，也有還在最不發達國家行列當中的合作對象，但是無論是什麼樣的國家，我們都將本著共商、共建、共享的原則，因地制宜、因國施策地開展區域和雙邊的合作。

（2015 年中國全國兩會記者會）

信息技術協定擴圍，積極參與環境產品、政府採購等國際談判。加快實施自貿區戰略，盡早簽署中韓、中澳自貿協定，加快中日韓自貿區談判，推動與海合會、以色列等自貿區談判，力爭完成中國—東盟自貿區升級談判和區域全面經濟夥伴關係協定談判，建設亞太自貿區。推進中美、中歐投資協定談判。中國是負責任、敢擔當的國家，我們願做互利共贏發展理念的踐行者、全球經濟體系的建設者、經濟全球化的推動者。

4

協調推動經濟穩定增長和結構優化

 加快培育消費增長點

增加公共產品有效投資

加快推進農業現代化

推進新型城鎮化取得新突破

拓展區域發展新空間

推動產業結構邁向中高端

以體制創新推動科技創新

四、協調推動經濟穩定增長和結構優化

穩增長和調結構相輔相成。我們既要全力保持經濟在合理區間運行，又要積極促進經濟轉型升級、行穩致遠。

加快培育消費增長點。鼓勵大眾消費，控制「三公」消費。促進養老家政健康消費，壯大信息消費，提升旅遊休閒消費，推動綠色消費，穩定住房消費，擴大教育文化體育消費。全面推進「三網」融合，加快建設光纖網絡，大幅提升寬帶網絡速率，發展物流快遞，把以互聯網為載體、線上線下互動的新興消費搞得紅紅火火。建立健全消費品質量安全監管、追溯、召回制度，嚴肅查處製售假冒偽劣行為，保護消費者合法權益。擴大消費要匯小溪成大河，讓億萬群眾的消費潛力成為拉動經濟增長的強勁動力。

增加公共產品有效投資。確保完成「十二五」規劃重點建設任務，啟動實施一批新的重大工程項目。主要是：棚戶區和危房改造、城市地下管網等民生項目，中西部鐵路和公路、內河航道等重大交通項目，水利、高標準農田等農業項目，信息、電力、油氣等重大網絡項目，清潔能源及油氣礦產資源保障項目，傳統產業技術改造等項目，節能環保和生態建設項目。今年中央預算內投資增加到4776億元，但政府不唱「獨角戲」，要更大激發民間投資活力，引導社會資本

投向更多領域。鐵路投資要保持在8000億元以上，新投產里程8000公里以上，在全國基本實現高速公路電子不停車收費聯網，使交通真正成為發展的先行官。重大水利工程已開工

增加公共產品有效投資

棚戶區和危房改造、城市地下管網等民生項目

中西部鐵路和公路、內河航道等重大交通項目

水利、高標準農田等農業項目

信息、電力、油氣等重大網絡項目

中央預算內投資 **4776** 億元
＋ 民間投資、社會資本

清潔能源及油氣礦產資源保障項目

傳統產業技術改造等項目

節能環保和生態建設項目

　　的57個項目要加快建設，今年再開工27個項目，在建重大水利工程投資規模超過8000億元。棚改、鐵路、水利等投資多箭齊發，重點向中西部地區傾斜，使巨大的內需得到更多釋放。

鐵路新投產：投資8000億元以上 ————— 8000公里以上

高速公路： —— 高速 —— 基本實現電子不停車收費聯網

重大水利工程：已開工57個 再開工27個 在建投資超過8000億元

　　加快推進農業現代化。堅持「三農」重中之重地位不動搖，加快轉變農業發展方式，讓農業更強、農民更富、農村更美。

　　今年糧食產量要穩定在5.5億噸以上，保障糧食安全和主要農產品供給。堅守耕地紅線，全面開展永久基本農田劃定工作，實施耕地質量保護與提升行動，推進土地整治，增加深鬆土地1333萬公頃。加強農田水利基本建設，大力發展節水農業。加快新技術、新品種、新農機研發推廣應用。引導農民瞄準市場調整種養結構，支持農產品加工特別是主產區糧食就地轉化，開展糧食作物改為飼料作物試點。綜合治理農藥獸藥殘留等問題，全面提高農產品質量和食品安全水平。

　　新農村建設要惠及廣大農民。突出加強水和路的建設，今年再解決6000萬農村人口飲水安全問題，新建改建農村公路20萬公里，全面完成西部邊遠山區溜索改橋任務。力爭讓最後20多萬無電人口都能用上電。以垃圾、污水為重點加

習近平：小康不小康，關鍵看老鄉

強環境治理，建設美麗宜居鄉村。多渠道促進農民增收，保持城鄉居民收入差距縮小勢頭。持續打好扶貧攻堅戰，深入推進集中連片特困地區扶貧開發，實施精準扶貧、精準脫貧。難度再大，今年也要再減少農村貧困人口1000萬人以上。

推進農業現代化，改革是關鍵。要在穩定家庭經營的基礎上，支持種養大戶、家庭農牧場、農民合作社、產業化龍頭企業等新型經營主體發展，培養新型職業農民，推進多種形式適度規模經營。做好土地確權登記頒證工作，審慎開展

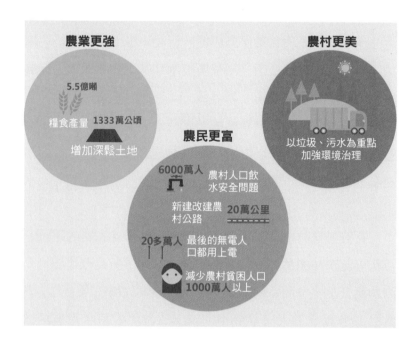

農業更強

5.5億噸
糧食產量　1333萬公頃
增加深鬆土地

農村更美

以垃圾、污水為重點
加強環境治理

農民更富

6000萬人　農村人口飲
水安全問題

新建改建農
村公路　20萬公里

20多萬人　最後的無電人
口都用上電

減少農村貧困人口
1000萬人以上

農村土地徵收、集體經營性建設用地入市、宅基地制度、集體產權制度等改革試點。在改革中，要確保耕地數量不減少、質量不下降、農民利益有保障。深化供銷社、農墾、種業、國有林場林區等改革，辦好農村改革試驗區和現代農業示範區。完善糧食最低收購價和臨時收儲政策，改進農產品目標價格補貼辦法。加強涉農資金統籌整合和管理。無論財政多困難，惠農政策只能加強不能削弱，支農資金只能增加不能減少。

推進新型城鎮化取得新突破。城鎮化是解決城鄉差距的根本途徑，也是最大的內需所在。要堅持以人為核心，以解決三個1億人問題為著力點，發揮好城鎮化對現代化的支撐作用。

三個1億人　促進約1億農業轉移人口落戶城鎮，改造約1億人居住的城鎮棚戶區和城中村，引導約1億人在中西部地區就近城鎮化。

加大城鎮棚戶區和城鄉危房改造力度。今年保障性安居工程新安排740萬套，其中棚戶區改造580萬套，增加110萬套，把城市危房改造納入棚改政策範圍。農村危房改造366萬戶，增加100萬戶，統籌推進農房抗震改造。住房保障逐

步實行實物保障與貨幣補貼並舉，把一些存量房轉為公租房和安置房。對居住特別困難的低保家庭，給予住房救助。堅持分類指導，因地施策，落實地方政府主體責任，支持居民自住和改善性住房需求，促進房地產市場平穩健康發展。

用改革的辦法解決城鎮化難點問題。抓緊實施戶籍制度改革，落實放寬戶口遷移政策。對已在城鎮就業和居住但尚未落戶的外來人口，以居住證為載體提供相應基本公共服務，取消居住證收費。建立財政轉移支付與市民化掛鈎機制，合理分擔農民工市民化成本。建立規範多元可持續的城市建設投融資機制。堅持節約集約用地，穩妥建立城鄉統一的建設用地市場，完善和拓展城鄉建設用地增減掛鈎試點。加強資金和政策支持，擴大新型城鎮化綜合試點。

提升城鎮規劃建設管理水平。制定實施城市群規劃，有序推進基礎設施和基本公共服務同城化。完善設市標準，實

行特大鎮擴權增能試點，控制超大城市人口規模，提升地級市、縣城和中心鎮產業和人口承載能力，方便農民就近城鎮化。發展智慧城市，保護和傳承歷史、地域文化。加強城市供水供氣供電、公交和防洪防澇設施等建設。堅決治理污染、擁堵等城市病，讓出行更方便、環境更宜居。

拓展區域發展新空間。統籌實施「四大板塊」和「三個支撐帶」戰略組合。在西部地區開工建設一批綜合交通、能源、水利、生態、民生等重大項目，落實好全面振興東北地區等老工業基地政策措施，加快中部地區綜合交通樞紐和網絡等建設，支持東部地區率先發展，加大對革命老區、民族地區、邊疆地區、貧困地區支持力度，完善差別化的區域發展政策。把「一帶一路」建設與區域開發開放結合起來，加

四大板塊

- 西部地區
- 中部地區
- 東北地區
- 東部地區

南海諸島

強新亞歐大陸橋、陸海口岸支點建設。推進京津冀協同發展，在交通一體化、生態環保、產業升級轉移等方面率先取得實質性突破。推進長江經濟帶建設，有序開工黃金水道治理、沿江碼頭口岸等重大項目，構築綜合立體大通道，建設產業轉移示範區，引導產業由東向西梯度轉移。加速資源枯竭型城市轉型升級。加強中西部重點開發區建設，深化泛珠三角等區域合作。

京津冀協同發展

核心是京津冀三地作為一個整體協同發展，要以疏解非首都核心功能、解決北京「大城市病」為基本出發點，調整優化城市佈局和空間結構，構建現代化交通網絡系統，擴大環境容量生態空間，推進產業升級轉移，推動公共服務共建共享，加快市場一體化進程，打造現代化新型首都圈，努力形成京津冀目標同向、措施一體、優勢互補、互利共贏的協同發展新格局。

長江經濟帶

長江是中國第一、世界第三大河流，是貨運量位居全球內河第一的黃金水道。長江經濟帶覆蓋上海、江蘇、浙江、安徽、江西、湖北、湖南、重慶、四川、雲南、貴州11個省市，面積約205萬平方公里，人口和生產總值均超過全國的40%，具有獨特優勢和巨大發展潛力。依托黃金水道推動長江經濟帶發展，打造中國經濟新支撐帶，是黨中央、國務院審時度勢，謀畫中國經濟新棋局作出的既利當前又惠長遠的重大戰略決策。主要任務是提升長江黃金水道功能，建設綜合立體交通走廊，創新驅動促進產業轉型升級，全面推進新型城鎮化，培育全方位對外開放新優勢，建設綠色生態廊道，創新區域協調發展體制機制。

〔專家釋讀〕

徐紹史（中國國家發展和改革委員會主任）

「四大板塊」和「三個支撐帶」

從中國區域佈局上來說，整個佈局是非常完整的。從東到西「四大板塊」，東部地區、西部地區、中部地區、東北地區。「三個支撐帶」：「一帶一路」是沿著隴海線，由東向西梯度開發，一直到境外。長江經濟帶是從長江三角洲開始由東向西梯度開發，它有三個城市群來帶動。長江三角洲城市群、長江中游城市群和長江上游成渝城市群。京津冀協同發展再進一步拓出去環渤海的共同發展，可以通過渤海灣由南到北通過遼寧的「五點一線」到吉林的長春，再上到哈爾濱的哈大齊工業走廊，由南往北梯度開發以帶動發展。實際上，在南邊還有一條珠江—西江經濟帶，它是由珠三角帶動由東向西梯度開發的。

（2015年中國全國兩會記者會）

我國是海洋大國，要編製實施海洋戰略規劃，發展海洋經濟，保護海洋生態環境，提高海洋科技水平，強化海洋綜合管理，加強海上力量建設，堅決維護國家海洋權益，妥善處理海上糾紛，積極拓展雙邊和多邊海洋合作，向海洋強國的目標邁進。

推動產業結構邁向中高端。製造業是我們的優勢產業。要實施「中國製造2025」，堅持創新驅動、智能轉型、強化基礎、綠色發展，加快從製造大國轉向製造強國。採取財政貼息、加速折舊等措施，推動傳統產業技術改造。堅持有保有壓，化解過剩產能，支持企業兼併重組，在市場競爭中優勝劣汰。促進工業化和信息化深度融合，開發利用網絡化、

「中國製造2025」提出了中國製造強國建設三個十年的「三步走」戰略，是第一個十年的行動綱領。「中國製造2025」應對新一輪科技革命和產業變革，立足中國轉變經濟發展方式實際需要，圍繞創新驅動、智能轉型、強化基礎、綠色發展、人才為本等關鍵環節，以及先進製造、高端裝備等重點領域，提出了加快製造業轉型升級、提質增效的重大戰略任務和重大政策舉措，力爭到2025年從製造大國邁入製造強國行列。

數字化、智能化等技術，著力在一些關鍵領域搶佔先機、取得突破。

　　新興產業和新興業態是競爭高地。要實施高端裝備、信息網絡、集成電路、新能源、新材料、生物醫藥、航空發動機、燃氣輪機等重大項目，把一批新興產業培育成主導產業。制定「互聯網+」行動計畫，推動移動互聯網、雲計算、大數據、物聯網等與現代製造業結合，促進電子商務、工業互聯網和互聯網金融健康發展，引導互

馬雲：讓互聯網經濟和實體經濟相結合

「互聯網+」代表一種新的經濟形態，即充分發揮互聯網在生產要素配置中的優化和集成作用，將互聯網的創新成果深度融合於經濟社會各領域之中，提升實體經濟的創新力和生產力，形成更廣泛的以互聯網為基礎設施和實現工具的經濟發展新形態。「互聯網+」行動計畫將重點促進以雲計算、物聯網、大數據為代表的新一代信息技術與現代製造業、生產性服務業等的融合創新，發展壯大新興業態，打造新的產業增長點，為大眾創業、萬眾創新提供環境，為產業智能化提供支撐，增強新的經濟發展動力，促進國民經濟提質增效升級。

互聯網「＋」

是指傳統的各行各業

在這個過程中，互聯網和傳統企業聯合。目前「互聯網＋」模式已經全面應用到第三產業。

傳統集市

傳統百貨賣場

傳統銀行

傳統交通

傳統紅娘

傳統新聞

淘宝网
Taobao.com

JD.COM 京东
多・快・好・省

支付宝

新媒體

相親網站

打車軟件

大數據　移動互聯網

雲計算　物聯網

＋

現代製造業

李克強總理與互聯網

為了中國互聯網,李克強總理真是「蠻拚」的

早在2014年兩會上,李克強就開始在政府工作報告中提及互聯網

1 促進互聯網金融健康發展,完善金融監管協調機制,密切監測跨境資本流動,守住不發生系統性和區域性金融風險的底線

2 促進信息消費,實施「寬帶中國」戰略,加快發展第四代移動通信,推進城市百兆光纖工程和寬帶鄉村工程,大幅提高互聯網網速,在全國推行「三網融合」

3 鼓勵電子商務創新發展

4 維護網絡安全

在2015年兩會上,李克強更是將互聯網作為一項重點產業

1 制定「互聯網+」行動計畫,推動移動互聯網、雲計算、大數據、物聯網等與現代製造業結合,促進電子商務、工業互聯網和互聯網金融健康發展,引導互聯網企業拓展國際市場

2 壯大信息消費,全面推進「三網」融合,加快建設光纖網絡,大幅提升寬帶網絡速率,發展物流快遞,把以互聯網為載體、線上線下互動的新興消費搞得紅紅火火

3 著力培育新的增長點,促進服務業加快發展,支持發展移動互聯網、集成電路、高端裝備製造、新能源汽車等戰略性新興產業

4 全面實行政務公開,推廣電子政務和網上辦事

李克強總理這兩年也多次與互聯網有過「親密接觸」

2015年

1月4日 李克強視察中國首家開業的互聯網民營銀行——深圳前海微眾銀行,並親自操作,為微眾銀行完成了第一筆放貸業務

2014年

11月20日 李克強在杭州與出席世界互聯網大會的中外代表舉行座談。李克強指出,中國政府以擁抱的姿態對待互聯網,用市場的思維培育互聯網。我們將不斷加強網絡基礎設施建設,支持網絡技術、服務持續創新,政策更加豐富,同時堅持依法管理互聯網,嚴厲打擊網絡侵權、竊密等違法犯罪行為

11月19日	李克強親臨「網店第一村」——浙江義烏青岩劉村考察。在考察中，李克強與許多淘寶店主進行了交流：「網店經營在你們村集中發展得最早，現在村裡的網店數量已經是居民戶數的十倍，網店在虛擬空間服務實體經濟，開拓巨大的市場空間，你們不愧是網店第一村！」
10月29日	李克強主持召開國務院常務會議，部署推進消費擴大和升級。會議要求重點推進6大領域消費，其中一個就是擴大移動互聯網、物聯網等信息消費，提升寬帶速度，支持網購發展和農村電商配送，加快健康醫療、企業監管等大數據應用
3月26日	李克強主持召開當年一季度經濟形勢座談會。李克強說：「有些百貨商店好像報的數字壓力很大，很不好看，這裡面其中一個很重要的因素就是網上銷售，網購在大幅度增長，這是個趨勢，不應該擋，反過來講，它又帶動了大量的就業。所以，作為一種新興業態，我們還要扶持它健康發展。」
1月17日	李克強在中南海主持召開座談會，聽取專家學者和企業界人士對《政府工作報告（徵求意見稿）》的意見和建議，馬化騰和雷軍也出席了座談會。在座談會上，馬化騰稱，按照當前的規定，企業併購金額在4億元以上的項目，必須經商務部審批，這種規定給公司的發展帶來了不小的麻煩。雷軍表示，當前規定要享受國家對軟件企業的優惠政策，研發投入佔銷售額的比例必須達到6%以上，但在這個比例之下也可以有成功的研發。對此，李克強回應稱：「新的業態出來了，我們的管理手段也要跟上去。不要拍腦袋。要反思一下：我們給人家的政策合適不合適？」

李克強總理在兩會記者會上談互聯網

李克強：網上網下
互動創造的是活力

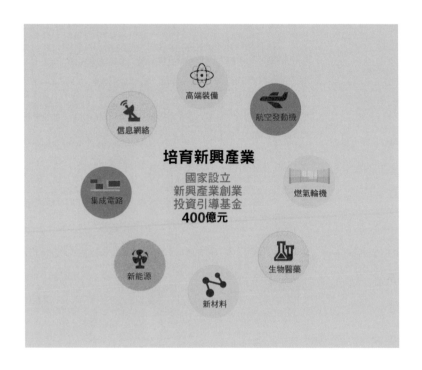

聯網企業拓展國際市場。國家已設立400億元新興產業創業投資引導基金，要整合籌措更多資金，為產業創新加油助力。

服務業就業容量大，發展前景廣。要深化服務業改革開放，落實財稅、土地、價格等支持政策以及帶薪休假等制度，大力發展旅遊、健康、養老、創意設計等生活和生產服務業。深化流通體制改革，加強大型農產品批發、倉儲和冷鏈等現代物流設施建設，努力大幅降低流通成本。

以體制創新推動科技創新。創新創造關鍵在人。要加快

科技成果使用處置和收益管理改革，擴大股權和分紅激勵政策實施範圍，完善科技成果轉化、職務發明法律制度，使創新人才分享成果收益。制定促進科研人員流動政策，改革科技評價、職稱評定和國家獎勵制度，推進科研院所分類改革。引進國外高質量人才和智力。深入實施知識產權戰略行動計畫，依法打擊侵權行為，切實保護發明創造，讓創新之樹枝繁葉茂。

企業是技術創新的主體。要落實和完善企業研發費用加計扣除、高新技術企業扶持等普惠性政策，鼓勵企業增加創新投入。支持企業更多參與重大科技項目實施、科研平台建設，推進企業主導的產學研協同創新。大力發展眾創空

眾創空間是順應網絡時代創新創業特點和需求，通過市場化機制、專業化服務和資本化途徑構建的低成本、便利化、全要素、開放式的新型創業服務平台的統稱。發展眾創空間要充分發揮社會力量作用，有效利用國家自主創新示範區、國家高新區、科技企業孵化器、高校和科研院所的有利條件，著力發揮政策集成效應，實現創新與創業相結合、線上與線下相結合、孵化與投資相結合，為創業者提供良好的工作空間、網絡空間、社交空間和資源共享空間。

間，增設國家自主創新示範區，辦好國家高新區，發揮集聚創新要素的領頭羊作用。中小微企業大有可為，要扶上馬、送一程，使「草根」創新蔚然成風、遍地開花。

提高創新效率重在優化科技資源配置。

雷軍：小米是怎麼來的

〔延伸知識〕

支持發展「眾創空間」

一要在創客空間、創新工場等孵化模式的基礎上，大力發展市場化、專業化、集成化、網絡化的「眾創空間」，實現創新與創業、線上與線下、孵化與投資相結合，為小微創新企業成長和個人創業提供低成本、便利化、全要素的開放式綜合服務平台。

二要加大政策扶持。適應「眾創空間」等新型孵化機構集中辦公等特點，簡化登記手續，為創業企業工商註冊提供便利。支持有條件的地方對「眾創空間」的房租、寬帶網絡、公共軟件等給予適當補貼，或通過盤活閒置廠房等資源提供成本較低的場所。

三要完善創業投融資機制。發揮政府創投引導基金和財稅政策作用，對種子期、初創期科技型中小企業給予支持，培育發展天使投資。完善互聯網股權眾籌融資機制，發展區域性股權交易市場，鼓勵金融機構開發科技融資擔保、知識產權質押等產品和服務。

四要打造良好創業創新生態環境。健全創業輔導指導制度，支持舉辦創業訓練營、創業創新大賽等活動，培育創客文化，讓創業創新蔚然成風。

（2015 年 1 月 28 日中國國務院常務會議）

要改革中央財政科技計畫管理方式，建立公開統一的國家科技管理平台。政府重點支持基礎研究、前沿技術和重大關鍵共性技術研究，鼓勵原始創新，加快實施國家科技重大項目，向社會全面開放重大科研基礎設施和大型科研儀器。把億萬人民的聰明才智調動起來，就一定能夠迎來萬眾創新的浪潮。

5

持續推進
民生改善和
社會建設

著力促進創業就業

加強社會保障和增加
居民收入

促進教育公平發展和
質量提升

加快健全基本醫療
衛生制度

讓人民群眾享有更多
更好文化發展成果

加強和創新社會治理

打好節能減排和環境
治理攻堅戰

五、持續推進民生改善和社會建設

　　立國之道，惟在富民。要以增進民生福祉為目的，加快發展社會事業，改革完善收入分配制度，千方百計增加居民收入，促進社會公平正義與和諧進步。

　　著力促進創業就業。堅持就業優先，以創業帶動就業。今年高校畢業生749萬人，為歷史最高。要加強就業指導和創業教育，落實高校畢業生就業促進計畫，鼓勵到基層就業。實施好大學生創業引領計畫，支持到新興產業創業。做好結構調整、過剩產能化解中失業人員的再就業工作。統籌農村轉移勞動力、城鎮困難人員、退役軍人就業，實施農民工職業技能提升計畫，落實和完善失業保險支持企業穩定就業崗位政策。全面治理拖欠農民工工資問題，健全勞動監察和爭議處理機制，讓法律成為勞動者權益的守護神。

　　加強社會保障和增加居民收入。企業退休人員基本養老金標準提高10%。城鄉居民基礎養老金標準統一由55元提高到70元。推進城鎮職工基礎養老金全國統籌。降低失業保險、工傷保險等繳費率。完善最低工資標準調整機制。落實機關事業單位養老保險制度改革措施，同步完善工資制度，對基層工作人員給予政策傾斜。在縣以下機關建立公務員職務和職級並行制度。加強重特大疾病醫療救助，全面實施臨

臨時救助制度 | 指國家對遭遇突發事件、意外傷害、重大疾病或其他特殊原因導致基本生活陷入困境，其他社會救助制度暫時無法覆蓋或救助之後基本生活暫時仍有嚴重困難的家庭或個人給予的應急性、過渡性的救助。

時救助制度，讓遇到急難特困的群眾求助有門、受助及時。對困境兒童、高齡和失能老人、重度和貧困殘疾人等特困群體，健全福利保障制度和服務體系。繼續提高城鄉低保水平，提升優撫對象撫恤和生活補助標準。提高工資和保障標準等政策的受益面廣，各級政府一定要落實到位。民之疾苦，國之要事，我們要竭盡全力，堅決把民生底線兜住兜牢。

促進教育公平發展和質量提升。教育是今天的事業、明天的希望。要堅持立德樹人，增強學生的社會責任感、創新精神、實踐能力，培養中國特色社會主義建設者和接班人。深化省級政府教育統籌改革、高等院校綜合改革和考試招生制度改革。加快義務教育學校標準化建設，改善薄弱學校和寄宿制學校基本辦學條件。落實農民工隨遷子女在流入地接受義務教育政策，完善後續升學政策。全面推進現代職業教育體系建設。引導部分地方本科高校向應用型轉變，通過對口支援等方式支持中西部高等教育發展，繼續提高中西部地

749萬人

今年高校畢業生749萬人，
為歷史最高，要加強就業指導和
創業教育

企業退休人員基本養老金
標準提高10%。城鄉
居民基礎養老金標準統一
由55元提高到70元

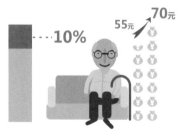

完善城鄉居民基本醫保，財
政補助標準由每人每年
320元提高到380元

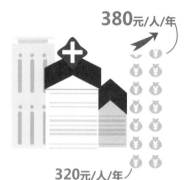

新 民 生

在**100個地級以上城市**進行公立醫院改革試點

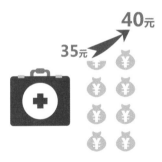

人均基本公共衛生服務經費補助標準

由35元提高到40元

發展全民健身、競技體育和體育產業，做好

2022年冬奧會

申辦工作

區和人口大省高考錄取率。建設世界一流大學和一流學科。加強特殊教育、學前教育、繼續教育和民族地區各類教育。促進民辦教育健康發展。加強教師隊伍建設。為切實把教育事業辦好，我們要保證投入，花好每一分錢。要暢通農村和貧困地區學子縱向流動的渠道，讓每個人都有機會通過教育改變自身命運。

　　加快健全基本醫療衛生制度。完善城鄉居民基本醫保，財政補助標準由每人每年320元提高到380元，基本實現居民醫療費用省內直接結算，穩步推行退休人員醫療費用跨省直接結算。全面實施城鄉居民大病保險制度。深化基層醫療衛生機構綜合改革，加強全科醫生制度建設，完善分級診療體系。全面推開縣級公立醫院綜合改革，在100個地級以上城市進行公立醫院改革試點，破除以藥補醫，降低虛高藥價，合理調整醫療服務價格，通過醫保支付等方式平衡費用，努力減輕群眾負擔。鼓勵醫生到基層多點執業，發展社會辦醫。開展省級深化醫改綜合試點。加快建立醫療糾紛預防調解機制。人均基本公共衛生服務經費補助標準由35元提高到40元，增量全部用於支付村醫的基本公共衛生服務，方便幾億農民就地就近看病就醫。加強重大疾病防控。積極發展中醫藥和民族醫藥事業。推進計畫生育服務管理改革。健康是群眾的基本需求，我們要不斷提高醫療衛生水平，打造健康中國。

讓人民群眾享有更多更好文化發展成果。文化是民族的精神命脈和創造源泉。要踐行社會主義核心價值觀，弘揚中華優秀傳統文化。繁榮發展哲學社會科學，發展文學藝術、新聞出版、廣播影視、檔案等事業，重視文物、非物質文化遺產保護。提供更多

習近平：文藝不能當市場的奴隸，要創作更多無愧於時代的優秀作品

優秀文藝作品，倡導全民閱讀，建設學習型社會，提高國民素質。深化文化體制改革，逐步推進基本公共文化服務標準化均等化，擴大公共文化設施免費開放範圍，發揮基層綜合性文化服務中心作用，促進傳統媒體與新興媒體融合發展。拓展中外人文交流，加強國際傳播能力建設。發展全

李克強：希望全民閱讀無處不在

民健身、競技體育和體育產業，做好2022年冬奧會申辦工作。

加強和創新社會治理。深化社會組織管理制度改革，加快行業協會商會與行政機關脫鉤。支持群團組織依法參與社會治理，發展專業社會工作、志願服務和慈善事業。鼓勵社會力量興辦養老設施，發展社區和居家養老。為農村留守兒童、婦女、老人提供關愛服務，建立未成年人社會保護制度，切實保障婦女兒童權益。提高公共突發事件防範處置和防災救災減災能力。做好地震、氣象、測繪、地質等工作。深入開展法治宣傳教育，加強人民調解工作，完善法律援助

制度，落實重大決策社會穩定風險評估機制，有效預防和化解社會矛盾。把信訪納入法治軌道，及時就地解決群眾合理訴求。深化平安中國建設，健全立體化社會治安防控體系，依法懲治暴恐、黃賭毒、邪教、走私等違法犯罪行為，發展和規範網絡空間，確保國家安全和公共安全。人的生命最為寶貴，要採取更堅決措施，全方位強化安全生產，全過程保障食品藥品安全。

打好節能減排和環境治理攻堅戰。環境污染是民生之患、民心之痛，要鐵腕治理。今年，二氧化碳排放強度要降低3.1%以上，化學需氧量、氨氮排放都要減少2%左右，二氧化硫、氮氧化物排放要分別減少3%左右和5%左右。深入實施大氣污染防治行動計畫，實行區域聯防聯控，加強煤炭清潔高效利用，推動燃煤電廠超低排放改造，促進重點區域煤炭消費零增長。推廣新能源汽車，治理機動車尾氣，提高油品標準和質量，在重點區域內重點城市全面供應國五標準車用汽柴油。2005年底前註冊營運的黃標車今年要全部淘汰。積極應對氣候變化，擴大碳排放權交易試點。實施水污

黃標車

黃標車是新車定型時排放水平低於國 I 排放標準的汽油車和國III排放標準的柴油車的統稱。這類在用車經環保定期檢驗，達到相關在用車排放標準的，核發黃色環保檢驗合格標誌，可以上路行駛。黃標車由於單車排放高，應優先管控和淘汰。

染防治行動計畫，加強江河湖海水污染、水污染源和農業面源污染治理，實行從水源地到水龍頭全過程監管。加強土壤污染防治。推行環境污染第三方治理。做好環保稅立法工作。我們一定要嚴格環境執法，對偷排偷放者出重拳，讓其付出沉重的代價；對姑息縱容者嚴問責，使其受到應有的處罰。

李克強：中國環保法的執行不是「棉花糖」，是「殺手鐧」

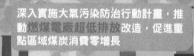

深入實施大氣污染防治行動計畫，推動燃煤電廠超低排放改造，促進重點區域煤炭消費零增長

CO₂ 二氧化碳排放強度
降低 **3.1%**以上

COD
NH₃-N 化學需氧量、氨氮排放
減少 **2%**左右

SO₂ 二氧化硫排放
減少 **3%**左右

NOₓ 氮氧化物排放
減少 **5%**左右

實施水污染防治行動計畫，加強江河湖海水污染、水污染源和農業面源污染治理，實施從水源地到水龍頭全過程監管

推廣新能源汽車，治理機動車尾氣，提高油品標準和質量。2005年底前註冊營運的黃標車要全部淘汰

新增退耕還林還草66.7萬公頃，造林600萬公頃

節能環保產業成為新興支柱產業

〔專家釋讀〕

陳吉寧（中國環保部部長）

落實新環保法

一個好的法律不能成為「紙老虎」，我們要讓它成為一個有鋼牙利齒的「利器」，關鍵在於執行和落實。所以，中國環保部把今年定為環境保護法的「實施年」，我們將開展全面的環保大檢查，對於違法的特別是未批先建的企業進行全面的排查，我們也提出了「四個不放過」，即「不查不放過、不查清不放過、不處理不放過、不整改不放過」。我們要讓企業懂得守法不是高要求，是底線。要把過去環保執法「過鬆、過軟」的狀況徹底改變過來，把守法變成新常態，敢於碰硬，形成高壓態勢。我們還將強化刑事責任追究，發現一起、查處一起、移送一起。

能源生產和消費革命，關乎發展與民生。要大力發展風電、光伏發電、生物質能，積極發展水電，安全發展核電，開發利用頁岩氣、煤層氣。控制能源消費總量，加強工業、交通、建築等重點領域節能。積極發展循環經濟，大力推進工業廢物和生活垃圾資源化利用。我國節能環保市場潛力巨大，要把節能環保產業打造成新興的支柱產業。

森林草原、江河濕地是大自然賜予人類的綠色財富，必須倍加珍惜。要推進重大生態工程建設，拓展重點生態功能區，辦好生態文明先行示範區，開展國土江河綜合整治試點，擴大流域上下游橫向補償機制試點，保護好三江源。擴大天然林保護範圍，有序停止天然林商業性採伐。今年新增退耕還林還草66.7 萬公頃，造林600 萬公頃。生態環保貴在

行動、成在堅持，我們必須緊抓不鬆勁，一定要實現藍天常在、綠水長流、永續發展。

6

切實加強
政府自身建設

 堅持依憲施政，依法行政，把政府工作全面納入法治軌道

 堅持創新管理，強化服務，著力提高政府效能

 堅持依法用權，倡儉治奢，深入推進黨風廉政建設和反腐敗工作

 堅持主動作為，狠抓落實，切實做到勤政為民

六、切實加強政府自身建設

我們要全面推進依法治國，加快建設法治政府、創新政府、廉潔政府和服務型政府，增強政府執行力和公信力，促進國家治理體系和治理能力現代化。

堅持依憲施政，依法行政，把政府工作全面納入法治軌道。憲法是我們根本的活動準則，各級政府及其工作人員都必須嚴格遵守。要尊法學法守法用法，依法全面履行職責，所有行政行為都要於法有據，任何政府部門都不得法外設權。深化行政執法體制改革，嚴格規範公正文明執法，加快推進綜合執法，全面落實行政執法責任制。一切違法違規的行為都要追究，一切執法不公正不文明的現象都必須糾正。

李克強: 中國任何政府部門都不得法外設權

堅持創新管理，強化服務，著力提高政府效能。提供基本公共服務盡可能採用購買服務方式，第三方可提供的事務性管理服務交給市場或社會去辦。扎實開展政府協商，積極推進決策科學化民主化，重視發揮智庫作用。全面實行政務公開，推廣電子政務和網上辦事。各級政府要自覺接受同級人大及其常委會的監督，接受人民政協的民主監督，認真聽取人大代表、政協委員、民主黨派、工商聯、無黨派人士和

各人民團體的意見。我們的所有工作都要全面接受人民的監督，充分體現人民的意願。

　　堅持依法用權，倡儉治奢，深入推進黨風廉政建設和反腐敗工作。認真落實黨中央八項規定精神，堅持不懈糾正「四風」，繼續嚴格執行國務院「約法三章」。腐敗現象的一個共同特徵就是權力尋租，要以權力瘦身為廉政強身，緊

約法三章
政府性樓堂館所一律不得新建和改擴建
財政供養人員總量只減不增
「三公」經費只減不增

緊扎住制度圍欄，堅決打掉尋租空間，努力剷除腐敗土壤。加強行政監察，發揮審計監督作用，對公共資金、公共資源、國有資產嚴加監管。始終保持反腐高壓態勢，對腐敗分子零容忍、嚴查處。對腐敗行為，無論出現在領導機關，還是發生在群眾身邊，都必須嚴加懲治。

　　堅持主動作為，狠抓落實，切實做到勤政為民。經濟發展進入新常態，精神面貌要有新狀態。廣大公務員特別是領導幹部要始終把為人民謀發展增福祉作為最大責任，始終把現代化建設使命扛在肩上，始終把群眾冷暖憂樂放在心頭。各級政府要切實履行職責，狠抓貫徹落實，創造性開展工作。完善政績考核評價機制，對實績突出的要大力褒獎，對工作不力的要約談誡勉，對為官不為、懶政怠政的要公開曝光、堅決追究責任。

民族、宗教、僑務

國防

港澳台

外交

各位代表！

我國是統一的多民族國家，鞏固和發展平等團結互助和諧的社會主義民族關係，是全國各族人民的根本利益和共同責任。要堅持和完善民族區域自治制度，加大對欠發達的民族地區支持力度，扶持人口較少民族發展，推進興邊富民行動，保護和發展少數民族優秀傳統文化及特色村鎮，促進各民族交往交流交融。組織好西藏自治區成立50周年和新疆維吾爾自治區成立60周年慶祝活動。各族人民和睦相處、和衷共濟、和諧發展，中華民族大家庭一定會更加繁榮昌盛、幸福安康。

我們要全面貫徹黨的宗教工作基本方針，促進宗教關係和諧，維護宗教界合法權益，發揮宗教界人士和信教群眾在促進經濟社會發展中的積極作用。

我們要更好發揮海外僑胞和歸僑僑眷參與祖國現代化建設、促進祖國和平統一、推進中外交流合作的獨特作用，使海內外中華兒女的向心力不斷增強。

各位代表！

建設鞏固的國防和強大的軍隊，是維護國家主權、安全和發展利益的根本保障。要緊緊圍繞黨在新形勢下的強軍目標，堅持黨對軍隊絕對領導的根本原則，統籌抓好各方面各領域軍事鬥爭準備，保持邊防海防空防安全穩定。全面加強現代後勤建設，加大國防科研和高新技術武器裝備建設力度，發展國防科技工業。深化國防和軍隊改革，提高國防和

軍隊建設法治化水平。加強現代化武裝警察力量建設。增強全民國防意識，推進國防動員和後備力量建設。堅持國防建設和經濟建設協調發展，促進軍民融合深度發展。各級政府要始終如一地關心和支持國防和軍隊建設，堅定不移地鞏固和促進軍政軍民團結。

習近平：把軍民融合發展上升為國家戰略

各位代表！

我們將堅定不移地貫徹「一國兩制」、「港人治港」、「澳人治澳」、高度自治方針，嚴格依照憲法和基本法辦事。全力支持香港、澳門特別行政區行政長官和政府依法施政，發展經濟，改善民生，推進民主，促進和諧。加強內地與港澳各領域交流合作，繼續發揮香港、澳門在國家改革開放和現代化建設中的特殊作用。我們堅信，有中央政府一以貫之的大力支持，不斷提升港澳自身競爭力，香港、澳門就一定能夠保持長期繁榮穩定。

我們將堅持對台工作大政方針，鞏固兩岸堅持「九二共識」、反對「台獨」的政治基礎，保持兩岸關係和平發展正確方向。努力推進兩岸協商對話，推動經濟互利融合，加強基層和青少年交流。依法保護台灣同胞權益，讓更多民眾分享兩岸關係和平發展成果。我們期待兩岸同胞不斷增進瞭解互信，密切骨肉親情，

習近平：只要堅持「九二共識」，台灣任何政黨和團體同大陸交往都不會存在障礙

拉近心理距離，為實現祖國和平統一貢獻力量。我們堅信，兩岸關係和平發展是不可阻擋、不可逆轉的歷史潮流。

各位代表！

我們將繼續高舉和平發展合作共贏旗幟，統籌國內國際兩個大局，始終不渝走和平發展道路，始終不渝奉行互利共贏開放戰略，堅決維護國家主權安全發展利益，維護我國公民和法人海外合法權益，推動建立以合作共贏為核心的新型國際關係。深化與各大國戰略對話和務實合作，構建健康穩定的大國關係框架。全面推進周邊外交，打造周邊命運共同體。加強同發展中國家團結合作，維護共同利益。積極參與國際多邊事務，推動國際體系和秩序朝著更加公正合理方向發展。辦好紀念中國人民抗日戰爭暨世界反法西斯戰爭勝利70周年相關活動，同國際社會共同維護二戰勝利成果和國際公平正義。我們願與世界各國攜手並肩，維護更加持久的和平，建設更加繁榮的世界。

各位代表！

時代賦予中國發展興盛的歷史機遇。讓我們緊密團結在以習近平同志為總書記的黨中央周圍，高舉中國特色社會主義偉大旗幟，凝神聚力，開拓創新，努力完成今年經濟社會發展目標任務，為實現「兩個一百年」奮鬥目標、建成富強民主文明和諧的社會主義現代化國家、實現中華民族偉大復興的中國夢作出新的更大貢獻！

李克強：時代賦予我們歷史機遇

國家圖書館出版品預行編目 (CIP) 資料

圖解 2015 年中國「政府工作報告」/ 苗龍編輯 . --
第一版 . -- 臺北市：風格司藝術創作坊, 2015.06
面； 公分

ISBN 978-986-91787-2-3 (平裝)

1. 公共行政 2. 施政報告 3. 中國

575.2 104007336

圖解 2015 年中國「政府工作報告」

編　　輯：苗　龍
發 行 人：謝俊龍
出　　版：風格司藝術創作坊
　　　　　106 台北市大安區安居街 118 巷 17 號
　　　　　Tel：（02）8732-0530　Fax：（02）8732-0531
總 經 銷：紅螞蟻圖書有限公司
　　　　　Tel：（02）2795-3656　Fax：（02）2795-4100
　　　　　地址：台北市內湖區舊宗路二段 121 巷 19 號
　　　　　http://www.e-redant.com
出版日期：2015 年 06 月　第一版第一刷
定　　價：280 元